줌 수업에 날개를 달아 줌

김란

안일초등학교 교사. 서울대학교 윤리교육과 석사를 졸업하고(경기도교육청 파견교사) 박사과정 중에 있다. 학생과 교사, 학부모 모두의 행복한 삶을 고민하며 인성교육, 도덕심리학, 도덕철학을 공부하고 있다. 저서로 『교사, 인성교육을 생각하다』(공저), 통일부 통일교육원의 『재외동포 어린이용 통일아 안녕 교사용 지도서』(공저), 『청소년 통일사전』(공저), 『한반도의 오늘과 통일 초등 3~4학년용』(공저), 『한반도의 오늘과 통일 초등 5~6학년용』(공저), 『한반도의 오늘과 통일 교사용 지도서』(공저) 등이 있다.

이슬기

안일초등학교 교사. '은은한 가운데 빛을 발하라'는 교육관으로 재미있고 즐거운 수업으로 아이들이 행복한 교실을 만들고자 노력하고 있다. 현재 교육과정연구부장을 3년차 맡고 있으며 안양과천교육지원청 블렌디드 공개 수업 및 강사, 8대 현장체험학습 지원단으로도 활동하고 있다. 티처빌 쌤동네에서 온라인 쌍방향 수업 활용 및 블렌디드 수업 자율 연수를 진행했다. 2018년 안양과천교육지원청 실천장학자료 개발위원으로 활동했고, 진로 실천사례 연구대회에서 입상한 바 있다.

장세영

안일초등학교 교사. 전문성 있는 수업을 고민하고 기록하고 있다. 아이들이 즐겁고 유익하게 학습하기를 바라는 마음으로 '동화쓰기 활용 수업', '환경교육', '미디어 리터러시' 등 다양한 수업 연구와 활동을 하고 있다. 제5회 경기도 환경교육자료공모전 우수상을 받았으며, 2019년 또래상담 UCC 공모전 대상(동아리 지도 교사)을 받은 바 있다. 최근에는 Zoom 활용 수업, 온라인 실시간 쌍방향 수업을 더 잘할 수 있는 방법을 연구, 기록하며 블로그 '온택트(Ontact) 수업'(blog.naver.com/hopehope91)을 운영하고 있다.

황성환

안일초등학교 교사. 영화감독이 되고 싶었던 오랜 꿈을 버리지 못하고, 학생들과 다양한 영상 프로젝트 활동으로 학급을 운영하고 있다. 진로교육과 미디어 리터러시 교육을 통해 학생들의 꿈을 찾아주는 길잡이가 되어 주고자 노력하고 있다. 최근에는 온라인 수업과 영상에 대한 다양한 경험을 바탕으로, 학생들이 자신의 적성과 흥미를 찾아가는 Zoom 수업을 만들기 위해 연구, 노력하고 있다. 학생들과 함께하는 수업과 일상을 기록하는 유튜브 채널 '꿈클쌤의 초등교실'을 운영하며 인스타그램 'kkay0070'에도 다양한 기록을 남기고 있다.

초판 1쇄 발행 2020년 10월 16일
2쇄 발행 2020년 12월 24일

지은이 김란 · 이슬기 · 장세영 · 황성환
펴낸이 이형세
펴낸곳 테크빌교육㈜
책임편집 이윤희 | **편집** 김희선 | **디자인** 어수미 | **제작** 제이오엘앤피
테크빌교육 출판 서울시 강남구 언주로 551, 5층 | **전화** (02)3442-7783 (142)

ISBN 979-11-6346-098-5 03370
책값은 뒤표지에 있습니다.

테크빌교육 채널에서 교육 정보와 다양한 영상 자료, 이벤트를 만나세요!

블로그 blog.naver.com/njoyschoolbooks   **페이스북** facebook.com/teacherville
티처빌 teacherville.co.kr   **키즈티처빌** kids.teacherville.co.kr
쌤동네 ssam.teacherville.co.kr   **티처몰** shop.teacherville.co.kr

줌 수업에
날개를 달아 줌

지은이 **김란 · 이슬기 · 장세영 · 황성환**

테크빌교육

차 례

1
Part

줌zoom 수업을 소개해 '줌'니다

줌zoom 수업을 준비해 '줌'니다

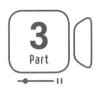
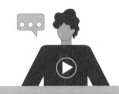

3 Part

줌zoom 수업을 보여 '줌'니다

추천의 글

아이들이 없는 텅 빈 교실이지만, 아이들의 웃음소리가 끊이지 않는 따뜻한 랜선 교실을 느끼게 해주는 책. 교실에서 하기 어려웠던 가정 연계 원격 수업을 다양하게 안내하는 책. 학생을 수업의 주인으로 참여하게 만들며, 교사와 학생을 함께 성장시켜주는 마법 같은 책. 어쩌다 줌을 시작한 평범한 선생님들의 특별한 이야기가 궁금하지 않으신가요? 맨땅에 헤딩하며 학생들의 미래 역량을 키워 주기 위해 고군분투하신 선생님들의 줌 활용 수업에 대한 모든 노하우가 이 책에 담겨 있습니다. 강력 추천합니다.

| **최창진** 안성 문기초 교사 |

온라인 환경 속에서 학생들이 수업에 집중하고 참여하기란 쉬운 일이 아닙니다. 네 분 선생님이 학생들의 행복한 온라인 쌍방향 수업을 위해 연구하고 노력한 결실입니다. 이 책은 최고의 실시간 온라인 수업의 노하우가 담긴 결과물로서 마법처럼 즐거운 교실을 만들어가는 데 꼭 필요한 방법서가 될 것입니다.

| **김택수** 전국교사교육마술연구회 스텝매직 대표 |

1년차 선생님도, 20~30년차 선생님도, 우리 모두 온라인 수업은 처음이었습니다. 온라인 수업 환경이 익숙하지 않은 선생님은 물론 학생들이 적극적으로 참여하는 온라인 수업을 하고 싶은 선생님 모두에게 이 책이 도움이 되리라 생각합니다. 내일은 '줌 교실'에서 학생들을 만나 보는 건 어떨까요?

| **김차명** 참쌤스쿨 대표 |

온라인 수업에 대한 기초적인 준비 과정부터 쌍방향 수업에, 역량까지 찐~ 하게 녹여 낸 줌 활용 수업! 이 모든 걸 친절하게 안내하는 줌 수업 책을 찾으신다면 바로 이 책입니다. 온라인 수업에 한계가 없다는 것을 보여줍니다. 이 책을 통해 여러분의 온라인 수업이 누구보다 빛나는 날개를 달게 될 것입니다. | **김보미** 사천 곤양초 교사, 참쌤스쿨 2기 |

담임 선생님이 처음 줌으로 수업을 진행하셨을 때, 너무 신기하고 낯설어서 수업을 듣는 아이보다 제가 더 적응하기 어려웠습니다. 하지만 온라인 수업이 길어질수록 선생님의 다양한 줌 수업은 '정말 이게 가능하구나'라는 믿음을 갖게 했습니다. 교사의 열정이 교실 안에서만 발휘되는 것이 아니라는 확신이 생겼습니다. 안양 안일초등학교 4학년 선생님들의 온라인 교육 활용서가 미래 교육의 길잡이가 되길 바라며 집필해 주신 선생님들께 감사드립니다. | **최인경** 안양 안일초 학부모, 방송작가 |

비대면 수업의 마중물이자 린치핀과 같은 책! 코로나19가 열어젖힌 비대면 수업이라는 판도라 상자. 그 미지와 혼돈 속에서도 학생을 지독히도 사랑하는, 좋은 수업을 만들고자 하는 교육적 열정으로 뚤뚤 뭉친 교사들이 온라인 수업 안내서입니다. 『줌 수업에 날개를 달아 줌』이 바로 그 책입니다. 이 책에는 다양한 온라인 수업 방법과 모형별 사례가 쉽고 또 구체적으로 제시되어 있어서, 모든 교육 현장에서 즉시 활용할 수 있습니다.

이 책이 교사들과 앞으로 우리 사회가, 미래의 우리 아이들이 나아가야 할 방향과 능력을 신장하는 데 린치핀 역할을 할 것이라고 생각합니다. 나아가 이 책이 이 땅의 교육을 변화시키는 데 꼭 필요한 마중물 역할을 할 수 있을 것이라고 확신합니다. | **박수자** 안양 안일초 교장 |

소통으로, 참여로
온라인 수업에 날개를 달다

어느 누가 예상이나 했을까요, 코로나 바이러스가 이렇게 오래갈 줄. 코로나 바이러스가 학교를 뒤덮었을 때 학교는 유령 학교가 되었습니다. 학생 없는 교실, 복도, 운동장 전체가 참 썰렁하고 적막했습니다.

그렇다고 교육이 멈춘 건 아니었습니다. 선생님들은 어떠한 방식이로든 수업을 진행했고 아이들과 소통하려고 노력했습니다. 그러나 전처럼 눈을 맞추고 같은 공간에 있지 못하는 상황에서 급하게 도입된 온라인 교육 환경은 학생에게도, 선생님에게도 낯설고 어려울 수밖에 없었습니다.

수업의 시작은 '소통'으로

모든 수업의 시작점은 '소통'이 아닐까요? 대면 수업이 어려워진 상황을 맞아 온라인으로 소통 가능한 수업 방식에 대한 고민이 끊이지 않았습니다.

그리고 처음 마주한 줌zoom. 줌을 열고 컴퓨터 화면을 마주했을 때, 칸칸마다 꽉 찬 아이들의 얼굴을 보고 참 생경한 기분이 들었습니다. 줌에서는 그렇게 커 보이던 아이들이 학급 꾸러미를 받으러 올 때는 그 나이에 맞게 '자그맣다!'라는 걸 느끼며 기분이 이상해지기도 했습니다.

온라인 수업, 이게 다일까?

온라인으로 아이들과 만나고 쌍방향 수업을 하는 것에 대한 새로움과 호기심이 사그라질 즈음, '이렇게 쌍방향 수업을 하는 것이 맞나?' 싶은 시기가 찾아왔습니다. 교사 혼자서 설명하고, 가끔 학생들이 대답하지만…, 그뿐. 온라인이다 보니 수업에 대한 피로감도 더 크게 느끼는 것 같았습니다. 학생들이 지루할 틈이 없도록 고군분투하였지만, '1인 유튜버가 정말 존경스럽다' 싶을 만큼 교사 혼자 끌고 가는 온라인 수업은 힘들었습니다. 처음 줌을 열었을 때와는 다른 소통의 부재를 느꼈습니다.

'줌을 열고 아이들의 모습을 보면서 하는 수업이 진정한 쌍방향 수업일까? 어떻게 하면 참여와 소통이 가득한 쌍방향 수업을 할 수 있을까?'

처음엔 아이들의 얼굴을 보고 과제 확인만으로 만족했지만, 점차 양질의 온라인 수업에 대한 목마름이 강해졌습니다.

동료 교사들과 함께 수업을 발전시키다

다행히 고민을 함께 나눌 선생님들이 있었습니다. 같은 방향, 같은 목적을 가지고 연구실에 모여 이야기하는 것만으로 실마리를 찾을 수 있었습니다. '될까?' 싶은 일들이, 함께 모이니까 '되었습니다'. 한 사람이 의견을 내고, 다른 사람이 의견을 덧붙이고, 그렇게 의견들이 쌓여서 우리들의 수업은 차츰 변화되었습니다. '교사 중심에서 학생 중심으로', '강의 중심 수업에서 활동 중심 수업으로', 그리고 '역량 중심의 수업으로'.

가장 의미 있는 변화는 학생들이 수업을 즐거워하게 되었다는 점입니다. 새로운 교육 환경과 새로운 수업 방식에 학생들이 반응하고, 학생들 역시 변화하고 발전하는 모습을 보여 주었습니다.

온라인 수업 고민과 노하우를 나누다

포스트 코로나 시대, 학생들과 어떻게 소통할 수 있을까? 미래 사회에 학생들에게 학교 수업이 주는 영향과 책임은 무엇일까? 지금 나의 수업은 학생들에게 어떻게 다가가고 있을까?… 우리는 수업에 대한 고민을 계속하고 있습니다.

이런 갈망으로 여러 교사들과 함께 교류하고 연구하여 여기까지 오게 되었습니다. 그리고 진정한 의미의 온라인 쌍방향 수업에 대한 고민과 성장, 변화를 담아 이 책을 만들게 되었습니다.

"어려운 시간, 함께해주셔서 고맙습니다"

늘 학교를 위해 힘쓰시며 선생님들에게 지원과 격려를 아끼지 않으시는 박수자 교장 선생님과 김선필 교감 선생님, 통솔력 있게 학급 운영과 수업 방향을 이끌어 주시는 박찬구 부장 선생님, 책 집필 과정에서 고생이 많았던 동학년 선생님들, 새로운 온라인 수업 방식에 적응하고 발전해 준 사랑스러운 학생들, 학교 교육에 지원과 관심을 쏟아 주시는 학부모님들, 그리고 사랑하는 부모님과 가족들에게 감사의 마음을 전합니다.

2020년 10월

김란, 이슬기, 장세영, 황성환 씀

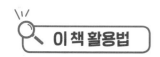
이 책 활용법

줌 수업을 시작하고자 하는 분들과 좀 더 재미있는 줌 수업을 위해 고민하는 분들 모두에게 도움을 드리기 위하여 만들어진 이 책은 총 3개의 파트로 이루어져 있습니다.

Part 1

평범한 선생님들이 갑작스럽게 줌 수업을 시작했을 때 맞닥뜨렸던 여러 가지 고민들을 문답 형식으로 풀어 보았습니다. 실제로 학생들과 줌 수업을 운영해 오면서 어떤 문제들이 있었고, 어떻게 해결했는지 해답을 찾아가는 과정을 살펴볼 수 있습니다.

Part 2

줌 수업에 필요한 모든 정보를 처음부터 끝까지 빠짐없이 정리하였습니다. 줌 수업을 시작하기 위해 준비해야 할 것부터 수업을 위한 회의방을 만드는 방법까지, 줌에 대해서 아무것도 모르는 상태에서도 2장 내용만 따라온다면 줌 수업을 곧바로 시작할 수 있습니다.

Part 2

'3. Go! 줌 수업 활용하기'에서는 수업으로 활용할 수 있는 모든 기능을 쉽고 빠르게 이해할 수 있도록 실제 수업 장면 사진과 각종 기능 팁들을 함께 정리해 두었습니다.

Part 3

줌 수업 사례 90가지를 소개합니다. 실시간 쌍방향 수업의 장점을 살려 학생 참여, 소통 중심 활동들로 구성하였으며, 읽는 즉시 바로 사용 가능하면서도 다양한 확장이 가능하도록 구상하여 담았습니다.

줌 수업을 처음 시작하고자 하는 선생님들은 Part 1부터 차근차근, 이미 줌 수업을 하고 계시지만 더 다양한 수업을 찾아보고 싶은 선생님은 Part 3을 중심으로 활용하면 됩니다. 제시된 수업 사례를 학급 특성에 맞게 재구성하여 사용해도 좋고, Part 2의 기능 부분을 참고하여 선생님만의 톡톡 튀는 아이디어로 새로운 수업을 만들어 가도 좋습니다.

이 책이 힘든 상황에서도 더 좋은 수업을 만들기 위해 끊임없이 노력하는 여러 선생님들께 작게나마 도움이 되길 바랍니다.

1

Part

줌zoom 수업을
소개해 '줌'니다

[속보] 마스크 벗고 수업하는 학교가 있다?

1 Chapter

속보입니다.
코로나 시대 ○○초 ○학년 ○반
에서는 교사, 학생 모두 마스크를 벗고
수업을 한다고 합니다.

저는 ○○
입니다!

어?! 정말입니다.

학생들과 선생님이 모두 마스크를 벗고
소통하며 수업을 하고 있습니다.

속보입니다.
코로나 시대 ○○초 ○학년
○반에서는 다 같이 관광 명소로
현장 체험 학습을 간다고 합니다.

여기는 프랑스
에펠탑입니다.

어?! 정말입니다.

세계 유명 관광지로
현장학습을 떠났나 봅니다!!

속보입니다.
코로나 시대 ○ ○초 ○학년 ○반에
서는 끼리끼리 모둠별로 모여 요리
만들기 활동을 한다고 합니다.

어?! 정말입니다.

여러가지 음식 재료를 가지고
모둠끼리 모였네요~
어떤 음식을 만들려고 하는 걸까요?

어떻게 이게
가능하죠?

Zoom
이니까요!

어쩌다 줌zoom을 시작한
선생님들에게 묻다!

선생님, 어쩌다 줌 수업을 하게 되었나요?

👤 장쌤

지금까지 경험하지 못했던 온라인 개학이 시작됐어요. 처음에는 영상 콘텐츠를 직접 만들어서 수업했습니다. 진도는 나가고 있었지만, 학생들이 잘 듣고 있는지 어렵지는 않은지 반응을 보지 못하니 답답했죠. 그렇게 일방향 수업의 한계를 점점 체감하던 시점에 줌이라는 프로그램을 알게 되었어요.

👤 황쌤

영상으로만 아이들을 만나다 보니 예전처럼 수업 시간에 아이들과 소통하고 싶었어요. 아이들 얼굴도 보고, 생각도 직접 들어 보고 싶었고요. 온라인 개학을 하고 나서 아이들이 없는 학교를 보면서 과연 이곳이 학교일까 싶더라고요. 힘들더라도 후회 없이 시도나 해 보자는 마음으로 줌을 시작했어요.

👤 이쌤

저 역시 아이들과 교감하고 싶었고, 활기를 느끼고 싶었어요. 두려움도 있었지만 막연한 기대감도 있었죠. 마침 동학년 부장님부터 다른 선생님들 마음이 모두 맞았어요. 모두 두려움이 있었지만, 함께한다면 할 수 있지 않을까 싶어서 시작했습니다.

👤 김쌤

저도 PPT, 디지털 교과서, 동영상 등 여러 자료로 녹화를 했어요. 그런데 찍고, 보고, 다시 찍고, 다시 보고…. 생각보다 시간이 많이 들었어요. 그런데 막상 결과는 만족스럽지 않더라고요. 그러던 중에 대학원에서 학생 입장으로 줌을 처음 경험했어요. 생각보다 장점이 많았습니다. 줌의 여러 장단점을 경험했고, 다른 선생님들께도 줌을 추천할 수 있었어요.

줌 수업을 시도하기 전에 걱정되었던 점은 무엇인가요?

👤 장쌤

저희 동학년 선생님들 모두 여러 가지로 걱정이 많았지만, 특히 학부모님이 줌을 하는 내내 계속 옆에서 보고 계시면 어쩌지 하는 마음이 있었어요. 매일 공개수업을 하는 느낌이 아닐까 두려움도 있었고요. 그런데 이 걱정은 녹화 영상을 올리는 수업도 마찬가지겠다는 생각이 들더라고요. 그냥 무리하지 않고, 내가 할 수 있는 선에서 수업을 하면 되겠지…. 이 마음으로 임했어요. 그러다 보니 걱정되는 마음도 차차 사라졌어요.

👤 황쌤

선생님 얼굴을 캡처한 사진이 온라인에 돌아다닌다는 뉴스 기사를 보고 내심 걱정이 됐어요. 아이들끼리 온라인에서 이야기하거나 채팅하는 과정에서 문제가 생기면 어떻게 지도해야 할지도 막막했고요. 그래서 줌을 본격적으로 시작하기 전에 학생들과 교사나 학생들의 초상권, 사이버 학교 폭력에 대해 이야기를 나눴어요. 학부모님께도 안내를 드렸고요. 다행히 아직까지 제가 우려했던 일은 없었습니다. 앞으로도 서로 잘 지켜 줄 거라 믿고요. 물론 수업 전에 한 번씩 당부하는 일은 지금도 꾸준히 하고 있습니다.

김쌤

가장 먼저 걱정된 건 '기기를 준비하지 못하는 아이들은 없을까?'였어요. 한 명이라도 소외되는 아이가 있다면, 그건 안 될 일이니까요. 다행히도 학교에서 기기가 없는 가정에 노트북과 태블릿을 빌려 주어 문제는 해결되었어요. 기기가 부족한 학교는 교육청에서 지원한다는 소식도 들었고요. 그리고 학생 입장에서 여러 기기로 접속해 보았는데 스마트폰으로도 수업 참여가 충분히 가능했어요. 이런 과정을 거치며 기기 문제에 대한 고민은 해결되었어요.

이쌤

아이들이 4학년인데 혼자 줌에 접속할 수 있을까 싶었어요. 학부모님의 도움이 필요하지만 만약 도와주시기 어려운 상황이라면 어떻게 해야 할지 고민되었고요. 우선 동학년 선생님들과 협의하여 접속 방법을 상세히 써서 안내문을 보냈어요. 문의 전화가 많을 수도 있겠다 싶었는데 실제로 전화로 물어보신 분은 드물었어요. 선생님, 학부모님, 학생들 모두 새로운 상황에 적응하기 위해 노력하는 모습이 느껴졌어요. 나중엔 오히려 아이들이 줌을 더 잘 다루더라고요. 제가 모르는 기능을 막 알려 주기도 하고요.

줌 수업은 잘 진행되나요?

황쌤

초반엔 저도 아이들도 화상 수업이 낯설어서 그런지 모두 어색했어요. 물론 처음부터 신나게 이야기하는 학생들도 많았고요. 새로운 교육 환경에 서로 익숙해지기까지 시간이 조금 걸렸지만, 지금은 일상으로 자리 잡았어요.

👤 장쌤

오프라인 수업과 비교했을 때 좀 더 여유를 가져야 하는 것 같아요. 저희 반은 발표하지 않을 때는 전부 음소거를 해 놓고 있어요. 그래서 발표할 때는 음소거를 해제해야 하는데 간단한 조작이라고 생각하지만 꽤 시간이 걸려요. 처음엔 답답할 때도 있지만, 좀 더 여유를 갖고 기다릴 수밖에 없는 것 같아요.

👤 김쌤

교과 전담이다 보니 연구했던 수업을 모두 적용해 보는 건 어려웠지만, 내 수업에서 최대한 줌 수업을 적용해 보았어요. 실제로 줌 수업을 했을 때, 생각만큼 잘 되지 않아서 당황한 적도 많아요. 소회의실 기능 하나를 사용하는 것도 신경 써야 할 부분이 많았고요. 하지만 즐거웠어요. 영상을 찍으며 혼자 묻고 혼자 답하는 게 아니라 아이들과 함께 소통하면서 이야기를 주고받으니, 기능 사용을 잘 할 수 없어도 그 시간이 즐겁더라고요.

👤 이쌤

지금까지 시도하지 않았던 완전히 새로운 교육 환경이기 때문에 매끄럽지 않은 게 당연하다고 생각해요. 저는 원래 기기를 잘 다루지 못하는 사람이에요. 그래서 다른 선생님들보다 더 허둥대기도 했고요. '오늘은 수업이 뜻대로 잘 안됐지만, 내일이 또 기다리고 있으니…'라는 마음으로 하고 있어요.

줌 수업을 해 보니 어떤 점이 좋았나요?

👤 이쌤

우선 줌에서 제가 아이들과 소통할 수 있다는 점이 좋아요. 하지만 더 큰 장점은 학생들끼리 이야기를 자유롭게 나눌 수 있다는 거예요. 온라인 개학 전에는 학생들이 이야기를 주고받는 당연한 일상이 이렇게 중요한지 몰랐어요. 아이들을 직접 만날 수 없고, 온라인으로 만나야 하는 상황이 되어 보니 이 평범한 수업 방식이 얼마나 중요한지 깨닫게 되었어요. 아이들도 소회의실에서 서로 이야기하는 모둠 활동이 제일 좋다고 하더라고요.

👤 장쌤

처음엔 줌에서 강의식 수업이나 골든벨 퀴즈 정도 할 수 있지 않을까 생각했어요. 그런데 동학년에서 줌 수업에 대한 이야기가 자연스럽게 오가다 보니 수업 방식이 점차 발전하더라고요. 모둠 활동, 토의 활동, 놀이 활동, 프로젝트 활동…. 함께 연구하다 보니, 오프라인에서만 가능할 거라 생각했던 수업들이 줌에서도 가능한 거예요. 전문적 학습공동체가 이런 거구나! 말 그대로 정말 값진 경험을 했어요.

👤 김쌤

저는 가정과 연계한 활동이 인상 깊었어요. 학교에서는 수업에 필요한 교구와 자료 대부분을 교사가 준비해야 하니 자료 범위에 한계가 있어요. 그런데 줌을 통해 교구와 자료 범위가 아이들 집 전체로 확장되더라고요. 한번은 도덕 수업으로 '나의 소중한 것 소개하기' 활동이 있었는데요. 옆 반 아이가 1학년 때 학교에서 받은 한 뼘 정도의 개운죽을 3년 동안 정성스럽게 키웠더라고요! 아이들의 삶을 좀 더 가까이 볼 수 있어서 그게 참 좋은 것 같아요.

👤 황쌤

저도 오프라인 수업에서 하지 못했던 방식을 시도할 수 있다는 점에 공감해요! 특히, 아이들이 각자 인터넷을 이용할 수 있다는 점이 좋았어요. 교실 수업에서는 인터넷을 사용해야 할 때, 컴퓨터실로 가야 하기 때문에 인터넷 활용 수업을 시도하는 데 한계가 있어요. 그런데 줌에서는 그럴 필요 없이 바로바로 인터넷에 접속하여 조사 활동, 프로젝트 활동 등을 진행할 수 있잖아요. 이게 바로 디지털 환경에 최적화된 미래형 수업 모델이 아닐까 싶습니다.

줌 수업을 해 보니 어떤 점이 힘들었나요?

👤 이쌤

줌 수업은 기기나 인터넷 환경에 영향을 받기 때문에 몇 번 당혹스러운 경우가 있었어요. 이어폰도 꼈는데 소리가 들리지 않는다고 하거나, 아이들이 말하는 소리가 들리지 않기도 하고요. 기기 문제는 직접 해결해 주기도 어렵고 수업이 중단되기 때문에 당황했었죠. 요즘엔 여유가 생겼어요. "걱정 말고 나갔다가 다시 들어와요"라고 말하고, 다시 접속하면 해결되는 경우가 많아요. 한번은 시간제한 때문에 줌이 자동으로 종료됐는데, 저도 아이들도 아무런 공지 없이 알아서 다시 접속했고, 아무 일도 없었던 듯 수업을 이어 나갔어요.

👤 장쌤

오프라인 수업만큼 의사 전달이 잘 되지 않아 힘들기도 했어요. 활동 안내를 했지만, 학생이 제대로 이해했는지 눈앞에서 일일이 확인하기가 어려웠어요. 한번은 소회의실에서 모둠 활동을 하는데, 제가 들어가기 전까지 아무도 말하지 않고 서로 눈치만 보고 있던 일도 있었어요. 요즘엔 아이들이 활동할 때 한 명, 한 명 클릭해서 봐요. 뭔가 다른 활동으로 이해하고 있는 것 같다 싶을 땐 한 번 더 짚어 줍니다. 채팅창에 활동을 공지해서 언제든 다시 볼 수 있게 하는 것도 방법이고요.

👤 황쌤

처음엔 아이들이 열심히 말하고 있지만, 전달이 잘 안됐어요. 아이들도 긴장해서 그런지 말하는 속도가 빠르기도 하고, 목소리가 작기도 했고요. 줌 수업을 하다 보니, 의사전달 능력이 정말 중요하다는 것을 느껴요. 교실에서는 작게 이야기하는 아이들이 있을 때, 제가 다시 정리해 주거나 보완해 주기도 하는데 줌에서는 저도 들리지 않더라고요. 아이들에게 "천천히, 또박또박, 다시 말해 주세요."라고 계속해서 이야기하다 보니, 요즘엔 아이들의 의사전달능력도 제법 늘었어요.

👤 김쌤

학생들이 온라인으로 교류할 수 있도록 소회의실이나 채팅 기능을 사용하다 보니, 오프라인에서는 경험하지 못했던 상황들이 일어나기도 했어요. 학생들의 정보검색 능력과 정보활용 능력이 정말 중요하다는 것을 직접 느꼈고요. 상대방을 배려하며 채팅이나 댓글을 쓰는 방법을 제대로 가르친 적이 없었다는 것도 깨달았어요. 아이들의 실제 삶에서 '디지털 시민성'이 얼마나 중요한지 온몸으로 체감했어요. 우리 아이들에게 이 부분을 어떻게 가르칠지 지금도 고민하고 있습니다.

줌 수업에서 주로 사용하는 학습 활동이나 기능은 무엇인가요?

👤 이쌤

아이들이 가장 좋아하는 활동은 소회의실, 모둠 활동이에요. 줌 수업은 소회의실을 쓰기 전과 후로 나뉘는 것 같아요. 소회의실 기능을 사용하기 전에는 교사 대 학생, 강의식 수업이나 개별 활동으로 수업이 진행되었어요. 그런데 소회의실 기능을 사용한 후부터 모둠 발표, 모둠 토의, 모둠 놀이, 온라인 방 탈출 등 수업 활동이 무궁무진해졌어요.

👤 김쌤

동학년 선생님들이 '비디오 기능을 사용하지 않는 참가자 숨기기' 기능을 발견했는데 정말 유용하더라고요. 교실에서 어떤 모둠이 발표할 때 앞으로 나와서 발표하는 것처럼, 이 기능을 사용하면 30명 가까이 되는 학생들 중 발표 학생 4~5명만 화면에 나와요. 모둠 발표를 들을 때 집중력이 높아지고, 좀 더 응용해서 온라인 모둠 놀이도 가능해서 자주 사용해요.

👤 장쌤

가장 쉽고 부담 없이 하는 학습 활동이 골든벨 퀴즈인 것 같아요. 교과서 내용을 설명하고, 설명을 잘 이해했는지 개별적으로 점검하기 좋아요. 개인용 미니 화이트보드를 학습꾸러미로 나눠 주고, 골든벨 퀴즈할 때 답을 써서 화면에 잘 보이도록 들게 해요. 미니 화이트보드는 이외에도 소회의실 모둠 토의할 때나 비주얼씽킹 활용 수업에서도 요긴해요.

👤 황쌤

주로 사용하는 기능이 '화면 공유' 기능 같아요. 기본적으로 수업 PPT 자료를 공유해서 보여 주고, '화이트보드 공유' 기능은 수학 풀이 과정이나 그림 등을 그려서 보여 줄 때 칠판처럼 이용해요. 쉬는 시간에 아이들에게 '화이트보드 공유'를 허락해 주면 아이들끼리 '주석 펜'을 사용해서 낙서하면서 즐겁게 놀기도 하더라고요.

줌 수업으로 학습 결손을 해결할 수 있나요?

👤 이쌤

줌 수업을 하면 모든 아이들이 함께 공부할 수 있어요. 접속만 하면 교사가 한 명, 한 명 신경 써 줄 수 있는 편이에요. 그 점에서 오프라인 수업을 온라인에서 그대로 구현한 거죠. 학생 모두에게 평등한 기회가 돌아간다고 생각해요.

👤 장쌤

콘텐츠나 과제 제시형 수업이 내용적인 면에서는 부족함이 없어요. 하지만 자기주도

적 학습 습관이 잘 잡혀 있지 않는 아이들에게는 한계가 있다고 생각합니다. 줌 수업이 이런 일방향의 한계를 보완해 줄 수 있다고 생각해요.

👤 김쌤

등교한 아이들에게 온라인 수업 영상에서 다뤘던 내용을 물어보면, 처음 듣는 것처럼 반응하는 아이들이 많았어요. 특히 수학은 평소에도 학습 격차가 큰 편인데, 줌에서는 난이도를 나눠 소그룹 지도를 하거나 5분씩이라도 따로 개별 지도를 할 수 있더라고요. 줌은 비대면 수업의 학습 결손을 줄이는 측면에서 특히 좋은 것 같아요.

👤 황쌤

저는 시간을 주고 과제하게 한 뒤, 다 한 사람부터 차례로 점검해요. 채팅으로 '다 했어요'라고 치면, 그 학생만 화면 확대한 뒤 "과제를 화면에 보여 주세요"라고 말해요. 한 명씩 얼추 확인한 뒤, 전체 발표나 소회의실 발표를 통해 2차로 점검할 수도 있어요.

줌 수업에서 예체능 수업도 가능한가요?

👤 이쌤

물론 교실에서 하는 대면 수업보다는 예체능 수업을 진행하는 데 한계가 있기도 해요. 그래도 아이들과 노래에 맞춰 수화도 해보고 율동도 해보고 모둠 활동으로 박자 활동을 만들어 보는 음악 수업은 의미가 있었다고 생각합니다. 대면 수업보다는 신체 활동이 활발하지 않지만 간단한 활동 중심의 체육 수업도 충분히 가능하고 아이들이 생각과 느낌을 표현하고 감상하는 미술 수업을 통해서도 충분히 교육적인 효과를 이끌어 낼 수 있다고 봐요.

👤 장쌤

어려운 영역이 있고, 가능한 영역이 있는 것 같아요. 음악에서 표현, 가창 활동은 어려워도 감상 활동은 할 수 있어요. 상황에 맞게 적용할 수 있는 부분인 것 같아요. 얼마 전에는 음악 시간에 개사하고, 모둠별로 율동을 만들어 보는 활동을 했어요. 오프라인 때처럼 매끄럽게 이어지진 않아도 아이들 모두 즐거워했어요.

👤 김쌤

평소 체육 수업을 할 때 아이들이 선호하는 운동장, 체육관 수업을 주로 하게 되고, 이론 수업이나 표현 수업은 최소한만 하게 되어 한편으로 아쉬움도 있었어요. 그런데 비대면 수업에서 자연스럽게 이론이나 표현 수업 비중이 늘어나게 되면서 평소 많이 고민하지 못했던 예체능 영역에 대해 연구하는 계기가 되었어요. 아이들도 그동안 비중이 작거나 소홀히 했던 영역에 대해 배울 수 있는 시간이라고 생각해요.

👤 황쌤

동학년 선생님들이 함께 줌에서 할 수 있는 체육 수업을 연구하게 되더라고요. 집 안 물건(종이컵, 종이 공, 모자 등)으로 미션 만들기, 체력 운동을 모둠별로 만들어서 온라인 운동회 열기…. 오프라인 때처럼 신체 접촉은 없어도, 아이들의 환호성이 나와요. 온라인 특성을 활용한 새로운 체육 수업도 가능하다는 확신이 들어요.

줌 수업 후, 아이들과 학부모님의 반응은 어떤가요?

👤 황쌤

설문조사를 했는데 아이들이 줌 수업이 좋다고 답변했어요. 수업이 재미있다고도 답변했고요. 그전에 일방향으로 수업할 때는 느끼지 못했던 반응이었어요. 학부모님들도 자주 "선생님, 고생 많으세요"라고 말씀해 주세요. 당연한 일을 하는 거지만 그렇게 응원해 주시니 감사하더라고요.

👤이쌤

우선 반 아이들은 수업에 굉장히 즐겁게 참여하고 있어요. 활동 중심으로 하는 실시간 수업을 4학년인데도 불구하고, 6교시까지 잘 따라와 주는 것에 감사해요. 늘 완벽한 수업을 하는 것은 아니지만 아이들과 함께 이야기를 나누고 배움을 하는 과정이 즐거워요. 또한, 학부모님들도 아이들과 함께 배우고 소통하는 부분을 굉장히 긍정적으로 봐주셔서 감사한 마음입니다.

👤장쌤

수업 영상을 찍어서 올려도 계속 영상을 보지 않은 아이가 있었어요. 한번은 등교 수업 때 "그러면 우리 수업 영상을 같이 보자" 해서 영상을 보게 했는데, 집중하기 힘들어 하더라고요. 안쓰러운 마음이 들었어요. 그랬던 아이가 줌 수업에서는 열심히 해요. 모둠 활동에 적극적으로 참여하는 아이를 보니 줌으로 수업하길 잘했다 싶어요.

👤김쌤

복도를 지날 때면 착각이 들어요. 교실마다 들려오는 선생님과 아이들의 시끌벅적한 소리에, 실제 아이들이 학교에 와 있는 것 같더라고요. 한번은 옆 반 선생님이 줌 수업 중간 쉬는 시간에 있었던 일을 이야기해 주셨어요. 아이들 몇몇이 소회의실에서 공기놀이를 해도 되냐고 물어봤다고 해요. 직접 만날 수 없는 상황에서 온라인으로 공기놀이를 하는 모습을 생각하니 왠지 웃음이 났어요.

계속 줌으로 수업하실 건가요? 다른 선생님들께도 추천하시나요?

👤 이쌤

제가 기계를 정말 잘 못 다루는데도, 줌으로 수업하는 게 좋아요. 오프라인에서 자기 표현하기 부끄러워하던 아이들도 온라인에서는 적극적으로 변하기도 해요. 코로나 시대에 다 같이 모여서 마스크 벗고 수업할 수 있다는 게 특별한 것 같아요. 여러 가지 걱정이 있을 수 있겠지만, 무작정 시도해 보길 잘했다 싶어요. 한번 도전해 보시면 좋을 것 같아요.

👤 황쌤

동학년이 함께여서 이 무모한 도전이 이어질 수 있었던 것 같아요. 처음 줌 수업의 포문을 열어 준 부장님께도 감사하고, 이후로 연구실에 모일 때마다 끊임없이 줌 수업에 대한 의논과 연구를 이어 온 동학년 선생님들께도 감사해요. 줌 수업을 시도해 보고 싶으시다면, 동료 선생님들과 함께 가실 것을 추천해요.

👤 장쌤

코로나 이후로 학교가 유령 학교 같다고 생각했어요. 콘텐츠 수업을 준비할 때나 쌍방향 수업을 준비할 때나 열심히 한 건 마찬가지예요. 아마 많은 선생님들이 다 그러시리라 생각해요. 방식을 조금만 바꾸고 함께 용기 내 본다면, 열심히 하는 것만큼 변화하는 아이들의 모습을 가까이서 볼 수 있는 기쁨을 누리지 않을까 싶어요.

👤 김쌤

쌍방향 수업은 선생님에게도, 아이들을 위해서도 추천하고 싶어요. 아이들의 학습 결손이나 직접 소통하지 못하는 것에 대한 선생님의 걱정과 불안감을 일정 부분 해소해 준다고 생각해요. 모든 선생님이 힘든 상황 속에서 매일 고군분투하고 계신데 그만큼 보람도 따라왔으면 좋겠습니다.

2 Part

줌zoom 수업을
준비해 '줌'니다

Ready!
줌 수업 준비하기

1 Chapter

1. 기기 및 장비 갖추기

줌 수업을 하고 싶은데 뭐부터 준비해야 할지 막막하시나요? 한 번도 사용해 본 적 없는 웹캠은 왠지 이름부터 낯설게 느껴지신다고요? 지금부터 함께 차근차근 준비해 봅시다. 여러분이 가지고 있는 장비만으로 이미 충분할지도 모릅니다.

PC, 노트북, 스마트폰, 태블릿PC 이 네 가지 기기 중에 하나만 있어도 줌 수업을 시작할 수 있습니다. 네 가지 기기 중 하나를 선택하기 위해서는 줌에 필요한 기본 장비를 이해하면 좋은데요. 줌에 기본적으로 필요한 장비는 크게 두 가지입니다. 하나는 내 모습을 찍어서 상대방 화면에 전달해 주는 '카메라', 다른 하나는 내 목소리를 상대방에게 전달해 주는 '마이크'입니다.

노트북, 스마트폰 그리고 태블릿PC에는 대부분 카메라와 마이크 장비가 내장되어

| PC | 노트북 | 스마트폰 | 태블릿PC |

있기 때문에 추가로 다른 장비를 구입할 필요는 없습니다. 하지만 PC로 줌을 할 때는 카메라와 마이크 기능을 하는 장비가 별도로 필요합니다. 카메라와 마이크 기능을 하는 장비에는 어떤 것이 있는지 살펴보고, 줌 수업을 위한 기기를 선택해 봅시다. 또, 줌을 좀 더 편하게 사용하기 위해 있으면 좋은 장비 목록도 함께 살펴봅시다.

1 | PC로 줌을 할 때 (추천) 실물화상기

PC로 줌을 하려면 카메라와 마이크 기능을 하는 장비를 별도로 준비해야 합니다.

▶ **웹캠**: 실시간으로 비디오 화면을 전송하는 소형 디지털 카메라를 말해요. 마이크 기능이 내장되어 있는 웹캠도 있지만, 목소리를 좀 더 또렷하게 전달하려면 마이크 장비를 따로 준비하는 것이 좋아요.

▶ **마이크**(헤드셋, UBS형 마이크 등): 소리나 음성 등 오디오를 받아들여 전송하는 장비를 말해요. 줌 수업에서는 USB형 마이크를 사용하기도 하지만, 스피커가 함께 있는 헤드셋 형태를 주로 사용해요. 마이크를 구입할 때는 선 길이도 확인해야 하는데요. 마이크를 PC에 연결했을 때 몸을 자유롭게 움직일 수 있도록 길이가 충분한 것이 좋습니다.

▶ **실물화상기**: 교실에 하나쯤 있는 실물화상기에는 웹캠과 마이크 기능이 모두 내장되어 있습니다. 카메라와 마이크 장비를 한 번에 해결할 수 있어 편리해요.

웹캠   헤드셋   실물화상기

2 | 노트북으로 줌을 할 때 헤드셋

노트북은 일반적으로 카메라와 마이크 기능이 내장되어 있어요. 하지만 마이크나 헤드셋, 이어셋 등을 별도로 사용하면 목소리를 좀 더 또렷하게 전달할 수 있습니다.

3 | 스마트폰이나 태블릿PC로 줌을 할 때 추천 이어셋

스마트폰이나 태블릿PC는 카메라와 마이크 기능이 내장되어 있지만, 별도의 이어셋을 사용하면 목소리를 좀 더 또렷하게 전달할 수 있어요. 이어셋 성능은 스마트폰이나 태블릿PC를 구매할 때 상자에 들어 있는 번들 이어셋이면 충분해요.

그렇다면 선생님과 학생들에게 추천하는 기기는 무엇일까요? 수업을 하시는 선생님에게는 PC나 노트북을 추천합니다. 수업을 진행할 때 최대한 많은 학생을 동시에 봐야 하기 때문에 화면이 클수록 좋아요. 또한 PC나 노트북이 아닌 스마트폰, 태블릿PC로 접속하면 줌의 일부 기능을 사용하지 못합니다. 따라서 화면이 크고, 줌 기능 사용에 제한이 없는 PC나 노트북을 추천합니다.

PC나 노트북이 있는 선생님에게 추가로 추천하는 장비는 없냐고요? 태블릿PC나 여분의 모니터가 있다면 매우 유용합니다. PC나 노트북으로는 수업을 진행하고, 태블릿PC로는 필기 기능을 이용해 판서할 수 있습니다. 여분의 모니터가 있다면 듀얼 모니터 기능을 활용할 수 있어요. 한쪽 모니터에서는 전체 학생들의 모습을 보고, 다른 쪽 모니터로는 공유 화면 등을 동시에 관리할 수 있어 편리합니다.

학생들에게도 PC나 노트북을 추천합니다. 스마트폰이나 태블릿PC로는 기능 사용에 일부 제한이 있고, 오랜 시간 동안 화면을 봐야

> **zoom 꿀팁**
>
> 스마트폰, 태블릿PC로 줌을 하는 경우, 종종 배터리가 없어서 접속이 끊기는 일이 생깁니다. 미리 기기를 충전해 두거나 충전 선을 연결할 수 있는 곳에서 접속하는 것이 좋아요.
>
> - 어떤 기기로 줌을 하든 거치대를 사용하여 기기 화면을 눈높이와 비슷한 위치에 고정할 것을 추천합니다. 그렇지 않으면 오랜 시간 화면을 봐야 하기 때문에 눈과 목이 쉽게 피로해집니다. 또한, 스마트폰으로 접속하는 학생들의 경우 화면이 흔들리는 경우가 많은데 거치대를 사용하면 고정할 수 있어서 좋아요.

하기 때문에 가능하면 큰 화면이 좋습니다. 하지만 학생들의 상황이 여의치 않다면, 스마트폰이나 태블릿PC로도 충분하니 걱정하지 마세요.

마지막으로 꼭 체크해야 하는 사항은 바로 '네트워크'입니다. PC나 노트북의 경우 인터넷이 연결돼야 하고, 스마트폰과 태블릿PC 경우에도 무선 네트워크(와이파이)가 양호한 곳이어야 해요. 교실에 와이파이 환경을 꼭 구축할 필요는 없지만, 태블릿PC 등 다른 기기로도 줌을 활용하고 싶다면 와이파이가 있는 편이 좀 더 수월합니다.

2. 계정 만들기 및 프로그램 설치하기

장비를 선택하셨다면, 이제 줌 계정을 만들어 보고 프로그램을 설치해 봅시다. 호스트인 선생님은 계정 만들기와 프로그램 설치를 필수로 해야 하지만, 참가자인 학생은 가입을 하지 않고 프로그램 설치만 해도 됩니다.

1 | PC나 노트북으로 줌을 할 때

먼저 포털 검색창에 줌 또는 zoom을 검색하여 줌 홈페이지 www.zoom.us에 접속해 주세요. 줌 홈페이지는 크롬(Chrome) 브라우저에서 가장 원활하게 작동합니다.

줌 또는 zoom 검색

홈페이지 우측 상단의 '무료로 가입하세요' 버튼을 클릭하여 가입합니다. 줌 홈페이지가 영어로 나와 불편하시다면, 페이지를 아래쪽 끝까지 내려 언어 설정을 '한국어'로 바꿔 주세요.

줌 홈페이지

③ 가입 화면에서 생년월일을 입력하고 개인정보수집 이용에 동의하면, 업무용 이메일 주소를 적는 화면이 나타납니다. 이때 '공직자 통합메일'로 가입할 경우, 시간 제한 없이 회의를 할 수 있어요. 일반 메일로 가입할 경우 40분 후에 회의가 종료되어 다시 접속해야 하는 번거로움이 있습니다.

가입 화면

④ 해당 메일 계정으로 접속하여, 도착한 메일을 확인해 주세요. '계정 활성화' 버튼을 클릭하면 계정 생성이 완료됩니다.

메일 계정 접속

⑤ 이제 프로그램을 설치하기 위해 홈페이지 첫 화면으로 돌아옵니다. 줌 홈페이지 우측 상단에 '리소스'를 클릭하여 'zoom 클라이언트 다운로드'를 선택하면 다운로드가 진행됩니다. (다운로드 링크: zoom.us/support/download)

zoom 클라이언트 다운로드

2 | 스마트폰이나 태블릿PC로 줌을 할 때

① 스마트폰이나 태블릿PC의 애플리케이션 스토어에 들어가서 zoom을 설치해요.

② 줌 애플리케이션을 실행시킨 후, 첫 화면에서 왼쪽 아래의 '가입'을 선택해 주세요.

줌 또는 zoom 검색

줌 애플리케이션

③ 이메일, 이름, 성을 입력하고 서비스 약관에 동의합니다. '공직자 통합메일'로 가입하면 시간제한 없이 줌을 사용할 수 있어서 편리합니다.

④ 가입한 이메일로 발송된 메일을 확인하여 '계정 활성화' 버튼을 클릭합니다.

가입 화면　　　　　　　계정 활성화 알림 메일

⑤ 이름, 성을 적고 비밀번호를 설정하면 몇 단계를 거친 뒤 계정 생성이 완료됩니다.

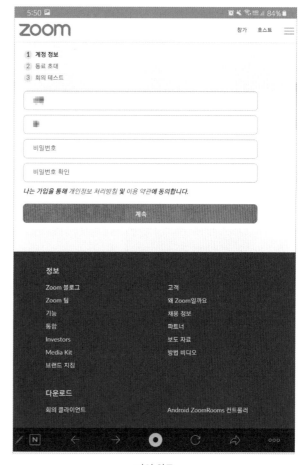

가입 완료

학생들이 맥북, 아이폰, 아이패드를 사용하는 경우 설치 방법, 아이콘 위치, 세부 기능 명칭이 조금씩 다릅니다. 하지만 지금까지 설명한 방법과 크게 다르지 않으니 이 점을 안내해 주시면 됩니다.

어떤 기기로 줌을 실행하든, 처음에 회의 호스팅(개설)을 하거나 회의에 참석하게 되면 자동으로 프로그램 다운로드가 시작됩니다. 별도로 문제가 있는 경우에만 홈페이지나 애플리케이션 스토어에서 직접 다운로드를 하면 됩니다.

3. 학생과 학부모에게 안내하기

학생과 학부모에게도 줌 수업을 위한 기기 및 장비, 가입, 설치 방법을 안내해야 합니다. 줌을 처음 접하는 학생과 학부모의 입장이 되어 차근차근 준비물과 과정을

유튜브 자료

클래스팅 안내

짚어 주어야 해요. 이 과정은 초반에 시간을 할애하여 꼼꼼히 안내해 주시는 것이 좋습니다.

안내 자료는 직접 만드셔도 좋지만, 줌을 먼저 활용하고 계시는 분들이 만들어 놓은 자료를 활용해도 좋습니다. 유튜브에 'zoom 설치 방법'을 검색하시면 수많은 영상 자료들이 올라와 있어요. 몇 개를 선택하여 안내에 활용하시면 됩니다.

줌 수업 안내는 학급 소통방(클래스팅, 위두랑, 네이버 밴드 등)을 이용하면 좋습니다. 학급 소통방은 줌 수업 링크를 올릴 때, 접속 오류 발생 시 긴급 공지를 띄울 때, 줌 수업에서 필요한 사전 과제나 후속 활동과 연계할 때 등 활용하는 경우가 많습니다. 위 사진은 실제로 동학년에서 함께 작성한 줌 수업 안내문입니다.

안내문을 올리고 선생님과 학생 모두 계정 가입 및 설치까지 마쳤다면, 줌 수업을 위한 준비는 모두 끝났어요. 이제 실제 수업을 하러 가 볼까요?

2 Chapter

Set!
줌 수업 시작하기

이제 본격적으로 줌 수업을 시작해 볼까요? 그런데 줌을 실행하고 메뉴를 둘러보다 보면, 낯선 용어들이 많이 나올 거예요. 회의, 호스트, 호스팅, 참가자 등 딱딱한 용어가 낯설게 느껴지시죠? 줌은 기업을 대상으로 만든 외국 프로그램이기 때문에 비즈니스 용어와 번역체가 많이 나옵니다. 하지만 몇 가지 용어만 살펴보면 됩니다. 줌 용어 중 '회의'는 수업, '호스트'는 선생님, '호스팅'은 개설, '참가자'는 학생으로 이해해 보세요. 줌 수업은 선생님(호스트)이 수업(회의)을 개설(호스팅)하여 학생(참가자)들이 참여하는 방식으로 이뤄집니다. 지금부터 나올 기능 설명에는 정확한 실행을 위해 공식 용어가 그대로 사용됩니다.

1. 수업 회의실 만들기 및 학생 초대하기

수업을 하기 위해 회의실을 만드는 방법과 학생들을 회의실에 초대하는 방법을 알아보겠습니다. 설명은 PC를 기준으로 하겠습니다. 스마트폰이나 태블릿PC 같은 다른 기기도 아이콘 위치 등이 조금 다를 뿐, 방법은 크게 다르지 않습니다. 지금부터 나오는 내용만 잘 이해하신다면 다른 기기로도 충분히 활용할 수 있습니다.

1 | 회의 호스팅

줌 수업을 하기 위해 회의실을 개설하는 것을 '회의 호스팅'이라고 해요. 회의 호스팅을 하는 방법은 크게 '즉석 회의'와 '회의 예약'이 있습니다. 즉석 회의는 회의를 바로 시작할 때 사용해요. 회의 예약은 설정한 시간에 회의실이 자동으로 생성되는 기능입니다. 회의 예약 기능은 불특정 다수를 대상으로 여러 주제의 강의를 하는 강사 분들에게 유용합니다. 선생님은 특정 학생들을 대상으로 수업을 하기 때문에 굳이 회의를 예약할 필요는 없어요. 여기서는 즉석 회의를 호스팅하는 방법을 알아보겠습니다.

줌 프로그램 첫 화면

먼저 줌 프로그램을 실행시키세요. 프로그램이 열리면 네 개의 아이콘이 보입니다. 이 중 주황색 '새 회의' 아이콘 옆의 작은 화살표(V) 버튼을 클릭하여 '비디오로 시작'과 '내 개인 ID(PMI)'를 둘 다 체크해 주세요. 내 개인 ID(PMI)를 활성화하면 매번 똑같은 ID와 비밀번호 또는 링크 주소로 회의 호스팅이 가능합니다. 이 기능을 체크하지 않으면 회의가 랜덤 ID로 개설되어 학생들에게도 매번 새로운 ID를 안내해야 합니다. 이제 설정을 마쳤으니 주황색 '새 회의' 아이콘을 클릭하세요. 이제 곧 회의가 시작됩니다.

참고로 회의 호스팅은 줌 홈페이지에서도 할 수 있습니다. 계정에 로그인한 뒤, 우측 상단의 '회의 호스팅' 버튼을 누르면 줌 프로그램이 실행되고 회의가 시작됩니다.

2 | 회의 참여 알리기

회의를 개설하였다면 이제 참가자들을 초대해야 합니다. 회의에 참가자들을 초대하는 방법은 크게 두 가지로, 개인 회의 ID(PMI) 안내와 초대 링크(URL) 안내입니다.

방법1. 개인 회의 ID(PMI) 안내

호스트의 개인 회의 ID를 참가자들에 게 알려 주는 방법입니다. 개인 회의 ID는 고정된 9~11자리 숫자입니다. 개인 회의 ID로 안내한다면, 우리 반 학생들만 참여 하도록 비밀번호 기능을 사용하는 것이 좋 습니다. 줌 홈페이지〉내 계정〉설정〉회의

설정창

〉Security에서 'PMI(개인 회의 ID)에 대한 암호가 필요합니다'를 활성화하여 비밀번호 를 변경할 수 있습니다.

비밀번호 설정까지 마쳤다면 개인 회의 ID를 어디에서 확인할 수 있는지 알아봅시 다. 개인 회의 ID는 줌 홈페이지〉내 계정〉프로필〉개인 회의 ID에서 또는 개설된 회 의실 좌측 상단 '회의정보' 아이콘을 클릭하면 확인할 수 있습니다.

이제 개인 회의 ID와 비밀번호를 학생 들에게 안내할 차례입니다. 클래스팅이 나 카카오톡 단체방 등 학급 소통방에 알 려 주면, 참가자들은 개인 회의 ID와 비밀 번호를 입력하여 회의에 참여하게 됩니다. 참가자들은 약속한 시간에 매번 같은 ID 와 비밀번호를 입력하여 참여할 수 있습니다.

회의 정보창

방법2. 초대 링크(URL) 안내

회의 초대 링크를 참가자들에게 알려 주는 방법입니다. 링크를 안내하기 전에 줌 홈페이지〉내 계정〉설정〉회의〉Security에서 '한 번만 클릭해 참가할 수 있도록 초대 링크에 암호를 내장합니다'를 활성화해 두세요. 이 기능을 설정하면 학생들이 초대 링크를 눌렀을 때 따로 비밀번호를 입력할 필요 없이 참여할 수 있습니다.

설정이 끝났다면 초대 링크가 어디에 있는지 알아봅시다. 초대 링크는 줌 홈페이

지>내 계정>프로필>개인 회의 ID에서 또는 개설된 회의실 좌측 상단 '회의 정보' 아이콘을 클릭하여 확인할 수 있습니다. 초대 링크를 'URL 복사'하여 클래스팅이나 카카오톡 단체방 등 학급 소통방에 안내합니다. 처음에 한 번만 링크를 안내해 주면, 다음부터는 학생들이 약속한 시간에 해당 링크를 눌러 회의에 참여할 수 있습니다.

2. 학생이 수업에 참여하기

이번에는 참가자(학생) 입장에서 회의실에 참여하는 방법을 살펴보겠습니다. 학생들은 선생님의 안내에 따라 사용할 기기에 줌 프로그램을 설치하는 과정까지 마쳤을 거예요. 이제 학생들은 선생님의 초대 방식에 따라 개인 회의 ID 또는 초대 링크로 접속하게 됩니다.

1 │ 선생님이 '개인 회의 ID(PMI)'를 알려 주신 경우

기기에 설치된 줌 프로그램 혹은 애플리케이션을 실행시킵니다. 화면에 보이는 네 개의 아이콘 중 '참가' 아이콘을 누릅니다. 회의 참가창에서 '회의 ID 또는 개인 링크 이름 입력' 부분에 안내받은 개인 회의 ID를 입력하고 '참가' 버튼을 누르면 비밀번호 입력창이 나옵니다. 비밀번호까지 모두 입력하면 회의실로 연결됩니다. 개인 회의 ID는 처음 한 번만 입력해 두면 자동으로 저장되기 때문에 다음에는 쉽게 참여할 수 있어요.

PC로 참여하기 ▲

스마트폰으로 참여하기▶

2 ┃ 선생님이 '초대 링크(URL)'를 알려 주신 경우

선생님이 링크를 알려 주셨다면 학생들은 링크를 클릭하거나 주소를 복사하여 인터넷 창에 입력하면 됩니다. 줌 프로그램이나 애플리케이션이 실행되면서 자동으로 회의실에 연결됩니다.

URL 클릭하여 참여하기

3. 메인 화면 아이콘 간단히 살펴보기

앞으로 자주 보게 되실 메인 화면입니다. 지금은 낯설지 몰라도 금세 익숙해지실 거예요. 자세한 설명은 다음 장에서 알아보고, 여기서는 메인 화면의 아이콘 위치와 명칭을 간단히 살펴보겠습니다. 사진 아래에 아이콘들이 정렬되어 있는 부분을 '플로팅 메뉴'라고 부릅니다. 각종 기능 아이콘이 모여 있습니다.

❶ **회의 정보 아이콘**: 좌측 상단의 ⓘ 형태의 아이콘으로, 회의 ID, 호스트, 비밀번호, 초대 링크, 참가자 ID 등 현재 개설된 회의 정보를 확인할 수 있습니다. 학생들에게 알려줄 회의 ID와 비밀번호, 초대 링크를 확인할 때 유용합니다.

❷ **고급 암호화 아이콘**: 좌측 상단의 작은 방패 모양 아이콘으로, 클릭하면 세부 설정창이 나타납니다. 세부 설정창에서 좌측 다른 메뉴를 누르면, 비디오, 오디오, 화면 공유 등 다양한 세부 사항을 설정할 수 있습니다.

❸ **오디오 아이콘**: 플로팅 메뉴 가장 왼쪽 마이크 모양 아이콘으로, 자신의 소리를 상대방에게 전달할지 말지 조작할 수 있습니다.

❹ **비디오 아이콘**: 캠코더 모양 아이콘으로, 자신의 모습을 상대방에게 전달할지 말지 조작할 수 있습니다.

❺ **보안 아이콘**: 방패 모양 아이콘으로, 보안과 관련된 설정을 조정할 때 사용합니다.

참가자에게 어떤 권한을 줄지 선택할 수 있습니다.

⑥ 참가자 아이콘: 사람 모양 아이콘으로, 현재 참여하고 있는 참가자들의 명단을 확인하고 관리할 수 있습니다. 아이콘을 눌러 우측에 참가자창을 껐다 켰다 할 수 있습니다.

⑦ 채팅 아이콘: 말풍선 모양 아이콘으로, 참가자들과 채팅을 주고받을 수 있습니다. 아이콘을 눌러 우측에 채팅창을 껐다 켰다 할 수 있습니다.

⑧ 화면 공유 아이콘: 연두색 화살표 모양 아이콘으로, 참가자들과 서로 화면을 공유할 수 있습니다. 아이콘을 누르면 세부 설정창이 나타납니다.

⑨ 기록 아이콘: 녹화 모양 아이콘으로, 진행되고 있는 회의를 영상 파일, 녹음 파일, 텍스트 파일로 저장할 수 있습니다.

⑩ 소회의실 아이콘: (줌 홈페이지에서 미리 기능 사용 설정을 해야 표시됩니다.) 격자 모양 아이콘으로, 학생들을 모둠으로 나누어 활동하고 싶을 때 활용합니다. 아이콘을 누르면 세부 설정창이 나타납니다.

⑪ 반응 아이콘: (줌 홈페이지에서 미리 기능 사용 설정을 해야 표시됩니다.) 이모티콘 모양

아이콘으로, 박수나 엄지 같은 간단한 아이콘을 자신의 비디오 옆에 잠시 표시하는 기능입니다. 약 10초 동안 나타났다가 자동으로 사라져요.

⓬ **종료 아이콘**: 플로팅 메뉴 가장 오른쪽 빨간색 종료 아이콘으로, 진행되고 있는 회의에서 나가거나 회의를 종료할 수 있습니다.

4. 줌 홈페이지에서 사전 설정하기

줌을 시작하기 전에 몇 가지 항목은 줌 홈페이지에서 미리 설정을 해야 합니다. 먼저, 줌 홈페이지에 접속해 주세요. 메인 화면에서 우측 상단의 '내 계정'을 클릭하면, 가장 먼저 '프로필' 화면이 나타납니다. 이곳에서는 내 이름과 프로필 사진을 편집할 수 있어요. 개인 회의 ID도 확인할 수 있습니다. 이제 좌측의 메뉴에서 '설정'을 클릭하면 우리가 설정해야 할 항목들이 나옵니다. 스크롤을 내려가면서 항목을 하나하나 살펴보는 것도 좋아요. 그중에서 아래 세 가지 항목은 변경할 것을 추천합니다.

1 ┃ 비공개 채팅

비공개 채팅
회의 참가자가 다른 참가자에게 비공개 1:1 메시지를 보내도록 허용합니다.

비공개 채팅을 '비활성화'하는 것을 추천합니다. 이 옵션을 꺼 두면, 줌 수업 중에 학생들끼리 서로 비밀 채팅을 하지 못합니다.

2 ┃ 음성 이외 피드백

음성 이외 피드백
회의 참가자는 음성 이외 피드백을 제공할 수 있는데, 참가자 패널에서 아이콘을 클릭하여 의사를 표시할 수 있습니다. ☑

음성 이외 피드백을 '활성화'하는 것을 추천합니다. 이 옵션을 활성화하면 줌 프로그램의 참가자창에서 '손 들기' 기능 이외에 추가로 몇 가지 아이콘이 나타납니다. '예, 아니오, 휴식 필요, 자리 비움' 등 여러 가지 아이콘을 수업에 맞게 활용할 수 있어요.

소회의실

호스트가 회의 참가자를 별도의 더 작은 회의실로 나눌 수 있습니다.

☐ 예약 시 호스트가 참가자를 소회의실에 할당하도록 허용 ⓥ

3 | 소회의실

소회의실은 꼭 '활성화'해 두세요. 이 옵션을 활성화해야 줌 프로그램 내에 '소회의실' 아이콘이 나타납니다. 소회의실을 기능을 활용해 다양한 형태의 모둠 활동을 할 수 있어요. 이 외의 나머지 항목은 줌을 실행하고 나서 직접 설정을 변경할 수 있거나 굳이 설정이 필요하지 않은 기능입니다.

참고로 줌 프로그램은 수시로 업데이트가 되기 때문에 지금까지 설명한 기능을 포함하여 세부 기능 명칭이나 내용, 설정 경로가 조금씩 바뀔 수 있습니다.

3 Chapter

Go!
줌 수업 활용하기

주요 기능 한눈에 보기

비디오

세부 기능	기능 설정	기능 설명
1 갤러리 보기	화면 우측 상단 **갤러리 보기** 클릭	참가자 전체를 한 화면에 나타나게 해요.
2 발표자 보기	화면 우측 상단 **발표자 보기** 클릭	이야기하고 있는 한 명의 참가자 화면만 크게 나타나고, 나머지 참가자는 작게 표시돼요.
3 비디오 시작/ 비디오 중지	화면 좌측 하단 **비디오** 클릭	자신의 화면(비디오)을 켜고 끄는 기능이에요.
4 추천 비디오	해당 참가자의 화면을 오른쪽 마우스 클릭하여 **추천 비디오** 클릭	호스트가 선택한 참가자 화면을 전체 참가자에게 크게 보이도록 고정해요.
5 가상 배경	화면 좌측 하단 **비디오 설정〉가상 배경 선택** 클릭하여 변경	배경 화면을 자신이 선택한 사진이나 영상으로 바꾸어요.
6 참가자 숨기기/표시	비디오 중지한 참가자의 화면을 오른쪽 마우스 클릭하여 **비디오 기능을 사용하지 않는 참가자 숨기기/표시** 클릭	비디오 중지를 누른 참가자들의 화면을 사라지게 또는 나타나게 해요.
7 이름 바꾸기	화면 하단 **참가자〉나〉더 보기〉이름 바꾸기** 클릭	이름을 변경하는 기능이에요.

세부 기능	기능 설정	기능 설명
8 프로필 편집	화면을 오른쪽 마우스 클릭하여 프로필 **사진 추가/편집** 클릭하여 변경	다른 참가자들에게 보여 줄 프로필 사진을 설정하는 기능이에요.
9 기록	화면 하단 **기록** 클릭	줌 수업 화면을 녹화해요.
10 손 들기/ 손 내리기	화면 하단 **참가자**〉참가자 창 하단 **손 들기/ 손 내리기** 클릭	참가자창에서 자기 이름 옆에 손 들기 아이콘을 작게 표시할 수 있어요.
11 반응	화면 하단의 **반응** 클릭	박수, 엄지 같은 간단한 아이콘을 비디오 옆에 잠시 표시하는 기능이에요.

오디오

세부 기능	기능 설정	기능 설명
12 음소거/ 음소거 해제	화면 좌측 하단 **음소거** 클릭	자기 소리(오디오)를 켜고 끄는 기능이에요.
13 모두 음소거	화면 하단 **참가자**〉참가자창 하단 **모두 음소거** 클릭	호스트가 모든 참가자의 오디오를 한번에 음소거하는 기능이에요.

화면공유

세부 기능	기능 설정	기능 설명
14 화면 공유	화면 하단 **화면 공유**〉상단 **기본** 탭〉공유할 화면 선택하여 하단 **공유** 클릭	준비한 자료(PPT, 인터넷창 등)를 모든 참가자가 동시에 볼 수 있도록 공유하는 기능이에요.
15 화이트보드 공유	화면 하단 **화면 공유**〉상단 **기본** 탭〉화이트보드 선택하여 하단 공유 클릭	화면 전체를 화이트보드 화면으로 공유하는 기능이에요.
16 컴퓨터 소리만 공유	화면 하단 **화면 공유**〉상단 **고급** 탭〉**컴퓨터 소리만** 클릭	화면 전체를 공유하지 않고, 소리만 공유하는 기능이에요.
17 주석	화면 공유된 상태에서, 화면 상단 **주석** 클릭	공유 화면에 간단하게 필기를 할 수 있는 기능이에요.
18 원격 제어	화면 공유된 상태에서, 화면 상단 **더 보기**〉**원격 제어** 클릭	호스트가 공유한 화면을 참가자가 직접 조작할 수 있도록 권한을 넘겨주는 기능이에요.

채팅

세부 기능	기능 설정	기능 설명
19 채팅	화면 하단 **채팅** 클릭	보낼 대상을 '모두'로 선택하여 전체 채팅을 할 수 있어요.
20 비공개 채팅	채팅창 하단 **받는 사람**을 특정 참가자로 선택하여 사용	호스트나 다른 참가자에게 1:1 메시지를 보내는 기능이에요.
21 파일 전송	채팅창 하단 **파일〉내 컴퓨터** 클릭하여 원하는 파일 선택	채팅창을 통해 내 컴퓨터에 있는 파일을 주고받는 기능이에요.

소회의실

세부 기능	기능 설정	기능 설명
22 소회의실	화면 하단 **소회의실** 클릭	참가자들을 모둠으로 묶어 별도로 회의할 수 있도록 작은 회의실을 만들어요.
23 소회의실 이름 바꾸기	소회의실 설정창에서 각 소회의실 옆 **이름 바꾸기** 클릭하여 변경	소회의실의 이름을 변경하는 기능이에요.

※ 줌 프로그램의 업데이트나 기기에 따라 기능 변동이 있을 수 있습니다.

1. 갤러리 보기

참가자 전체를 한 화면에 나타나게 하는 기능이에요. 최대 49명까지 한 화면에 볼 수 있고, 초과할 경우 옆 화면으로 넘기는 버튼을 클릭해야 해요.

메인 화면 우측 상단의 '갤러리 보기' 버튼을 눌러요. 해당 위치에는 '갤러리 보기' 버튼과 '발표자 보기' 버튼이 번갈아 가며 나타나요.

클릭

갤러리 보기가 적용된 상태예요. 갤러리 보기에서는 참가자 전체를 한눈에 볼 수 있어요. 화면에 나타나는 참가자 순서는 수시로 뒤바뀌어요.

▶ 꿀팁

학생들을 한눈에 볼 수 있도록 최대 49명까지 한 화면에 나타나게 설정할 수 있어요. 비디오 아이콘 옆 작은 화살표)비디오 설정)회의)갤러리 보기에서 '화면당 참가자 최대 49명 표시'를 눌러요. (기기 성능에 따라 지원 여부 다름)

2. 발표자 보기

이야기하고 있는 한 참가자의 화면만 크게 나타나고, 나머지는 작게 표시되는 기능이에요. 발표자 외에 참가자 화면은 수시로 바뀌어요.

메인 화면 우측 상단의 '발표자 보기' 버튼을 눌러요. 해당 위치에는 '갤러리 보기' 버튼과 '발표자 보기' 버튼이 번갈아 가며 나타나요.

발표자 보기가 적용된 모습이에요. 발표자 보기 상태에서는 말하는 사람의 화면이 크게 보이고, 나머지 참가자 화면은 작게 보여요.

발표자 보기 상태에서 다른 참가자의 화면을 보고 싶다면, 원하는 참가자의 화면을 더블 클릭하면 돼요.

⊕ 추가기능

비디오 고정

이야기하고 있는 한 참가자의 화면을 고정하여 보고 싶을 때 사용하는 기능이에요. 원하는 참가자의 화면에서 오른쪽 마우스 클릭하여 '비디오 고정'을 누르면 해당 참가자 화면만 크게 고정돼요. 화면 좌측 상단의 '비디오 고정 해제'를 눌러 해제할 수 있어요. 비디오 고정 기능은 각자 설정하여 사용하는 기능이에요. 호스트가 모든 참가자에게 한 화면을 고정시키고 싶다면 4번째 기능 '추천 비디오'를 참고하세요.

3. 비디오 시작/ 비디오 중지

자신의 화면(비디오)을 켜고 끄는 기능이에요.

메인 화면 좌측 하단 '비디오' 아이콘을 클릭해요.

클릭할 때마다 비디오 시작/비디오 중지 상태가 바뀌어요. 비디오 시작을 하면 내 화면이 나타나고, 비디오 중지를 하면 내 이름만 표시되거나, 프로필 사진을 설정해 두면 프로필 사진이 나타납니다.

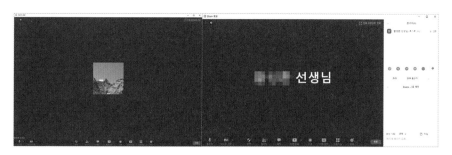

▶ 꿀팁

학생들이 수업에 참여할 때 특별한 이유가 없다면 항상 비디오를 켜 두도록 하는 게 좋아요.

⊕ 추가기능

비디오 시작 요청/비디오 중지(호스트만 가능)

호스트가 지정한 참가자의 화면에 오른쪽 마우스를 클릭하여 '비디오 중지'를 누르면, 해당 참가자의 화면(비디오)이 강제로 꺼져요. 하지만 호스트가 비디오를 강제로 다시 켤 수는 없고, 참가자

도 스스로 비디오를 켤 수 없어요. 다시 참가자의 비디오를 켜려면, 호스트가 오른쪽 마우스를 클릭하여 '비디오 시작 요청'을 눌러서 참가자가 수락해야 해요.

비디오 설정

'비디오' 아이콘 옆의 작은 화살표(^)를 누르고 '비디오 설정'을 클릭하면 비디오 설정창이 나타나요.

(1) HD 활성화: HD 화질을 지원하는 웹캠을 사용할 경우, 화질을 향상시켜요.

(2) 내 비디오 미러링: 자신의 화면이 거울을 보는 것처럼 좌우 반전돼요. 효과는 자신에게만 적용돼요.

(3) 내 모습 수정 필터: 자신의 화면에 필터를 입혀요. 피부 보정 효과가 생겨요.

4. 추천 비디오

(호스트만 가능) 호스트가 한 참가자의 화면을 전체 참가자에게 크게 보이도록 고정하는 기능이에요.

① 호스트는 참가자 중 추천하고 싶은 화면을 오른쪽 마우스 클릭하여 '추천 비디오'를 눌러요.

② 모든 참가자에게 호스트가 추천한 참가자의 화면이 자동으로 고정돼요. 참가자들이 다른 참가자의 화면을 더블 클릭해도 바뀌지 않아요.

③ 취소할 때는 화면 좌측 상단의 '추천 비디오 취소' 버튼을 눌러요.

▶ 꿀팁

● 선생님이 설명할 때 선생님 자신을 추천 비디오로 설정하거나, 친구의 발표를 집중해서 들어야
할 때 해당 친구를 추천 비디오로 설정해 줘요.

● 호스트가 아닌 참가자들은 추천 비디오 기능을 사용할 수 없어요. 한 참가자의 화면을 고정해서
보고 싶을 때는 '비디오 고정' 기능을 사용해요.

5. 가상 배경

화면의 배경을 원하는 사진이나 영상으로 바꾸는 기능이에요.

① 메인 화면 좌측 하단의 '비디오' 아이콘
옆의 작은 화살표(^)를 누르고 '가상 배경
선택'을 선택해요.

② 가상 배경 설정창에서 '+' 아이콘을 누
르고 '이미지 추가'를 선택해요.

③ 원하는 사진 파일(jpg 등)을 선택하고, '열기'를 누르면 바로 적용돼요.

④ 여러 사진을 등록해 놓으면 간편하게 사용할 수 있어요. 재미있는 효과를 줄 수 있어요.

▶꿀팁

- 역할극 수업에서 무대 배경이 될 사진을 골라 가상 배경으로 설정할 수 있어요. 뉴스 기자, 문화 유산 소개 등 배경 사진이 필요한 발표 수업에서 자주 활용해요. 학생들이 수업 전에 가상 배경을 미리 설정하게 하여 기능 조작에 드는 시간을 줄이는 게 좋아요.
- 가상 배경 기능은 사람의 형체를 인식하는 방식이기 때문에 굳이 뒷면이 흰색이거나 단순한 벽면일 필요는 없어요.
- 가상 배경 기능은 데스크톱, 노트북 등 PC 환경에서만 사용할 수 있어요. (단, 최신 일부 아이폰, 아이패드 기종의 경우 사용 가능)
- 가상 배경 기능은 사용하는 기기의 성능에 따라 품질이 달라요. 성능이 부족한 기기에서는 얼굴 형상이 깨끗하게 보이지 않을 수 있어요.

⊕ 추가기능

비디오 추가

가상 배경 설정창에서 '이미지 추가'가 아니라 '비디오 추가'를 클릭하면 동영상 파일을 가상 배경으로 설정할 수 있어요. 이때 영상의 소리는 송출되지 않아요.

| 이미지 추가 |
| 비디오 추가 |

녹색 스크린을 사용합니다

체크를 하면 원하는 색 부위만 스크린으로 인식하여 가상 배경이 적용돼요. 기본 설정은 녹색으로 되어 있지만, 원하는 색으로 설정을 바꿀 수 있어요.

내 비디오 미러링

체크를 하면 거울을 보듯 좌우가 반전돼요. 단, 미러링 효과는 자신에게만 적용되고, 다른 참가자들에게는 적용되지 않아요.

6. 참가자 숨기기 / 표시

내 화면에서 '비디오 중지' 상태인 참가자들 화면만 선택적으로 보이지 않게 숨겨 주는 기능이에요.

'비디오 중지' 상태의 참가자창에서 오른쪽 마우스를 클릭하여 '비디오 기능을 사용하지 않는 참가자 숨기기'를 눌러요.

'비디오 중지' 상태의 참가자들이 화면에서 잠시 사라지고, 비디오를 사용하고 있는 참가자들만 보이는 상태가 돼요.

해제할 때는 상단 가운데 '비디오 기능을 사용하지 않는 참가자 표시'를 눌러요.

▶️ 꿀팁

• 참가자 숨기기 기능은 각자 설정해야 해요. 자신에게만 적용되고, 다른 참가자에게는 적용되지 않아요.

• 모둠 발표에서 모둠원 3~4명만 화면에 크게 나타나게 하고 싶을 때 사용해요. 먼저, 발표 모둠원은 비디오를 켠 상태이고, 나머지 학생들은 '비디오 중지'를 한 상태를 만들어요. 그리고 모든 학생이 각자 창에서 '비디오 기능을 사용하지 않는 참가자 숨기기' 버튼을 눌러요. 발표가 끝나면, 각자 '비디오 기능을 사용하지 않는 참가자 표시'를 눌러서 다시 화면에 모두 나타나게 할 수 있어요.

7. 이름 바꾸기

이름을 변경하는 기능이에요.

참가자창에서 이름에 마우스를 대면 '더 보기'가 떠요. '더 보기' 버튼을 누르고 '이름 바꾸기'를 클릭해요.

🔘 이름 바꾸기창에서 원하는 이름으로 변경할 수 있어요.

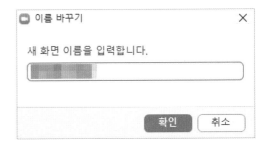

🔘 혹은 내 화면에서 오른쪽 마우스를 클릭하여 이름을 바꿀 수도 있어요.

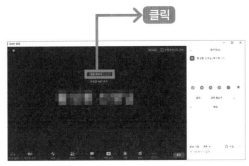

▶ 꿀팁

- 수업 활동에 따라 다양하게 이름을 변경하여 활용할 수 있어요. (예: 1모둠 김○○, 문화유산 팀 김○○ 등)
- 호스트는 다른 참가자들의 이름을 변경할 수 있어요. (호스트만 가능)

8. 프로필 사진 편집

'비디오 중지'를 했을 때 다른 참가자들에게 보여 줄 프로필 사진을 설정하는 기능이에요.

🔘 참가자창에서 내 이름에 마우스를 갖다 대면 '더 보기'가 떠요. '더 보기'를 누르고 '프로필 사진 추가'를 선택해요.

⑫ 원하는 사진을 찾아 조정하고, '저장'을 누르면 프로필 사진이 등록돼요.

⑬ 다른 프로필 사진을 등록하고 싶으면 참가자창을 누르고, 더 보기〉프로필 사진 변경에서, '사진 변경'을 클릭하여 과정을 반복해요.

▶꿀팁

- 등록된 프로필 사진을 삭제하고 아무것도 등록하고 싶지 않다면, 줌 홈페이지를 방문해야 해요. 줌 홈페이지〉내 계정〉프로필에서 프로필 사진 아래의 '삭제'를 클릭해요.
- '화면 공유'나 '가상 배경' 기능을 사용해야 하는 수업에서 해당 기능을 지원하지 않는 기기를 지닌 학생들에게 이 기능을 대체 기능으로 안내할 수 있어요.

9. 기록

줌 수업 화면을 녹화하는 기능이에요. 기본적으로 호스트에게만 권한이 있어요. 설정을 통해 참가자에게도 권한을 줄 수 있어요.

메인 화면 하단의 가운데 부분의 '기록' 아이콘을 클릭해요.

아이콘을 한 번 더 클릭하면 일시 중지 또는 중지를 할 수 있어요.

지정된 폴더에 동영상, 오디오, 텍스트 파일로 각각 저장돼요.

▶꿀팁

• 기록 기능으로 학생들과 뮤직비디오, 뉴스 등 영상 제작 활동을 할 수 있어요. 필요한 경우 '일시 중지'를 눌러 녹화를 잠시 멈추고 준비한 후, 다시 '기록'을 눌러 녹화를 이어서 할 수 있어요.

• 줌 홈페이지 '설정'에서 자동으로 기록되도록 설정할 수 있어요.

• 기록 기능은 데스크톱, 노트북 등 PC 환경에서만 사용 가능해요.

• 참가자가 직접 기록하고 싶을 때는 호스트로부터 권한을 받아야 해요. 호스트는 참가자창에서 원하는 참가자를 선택하여 '기록 허용'을 체크하여 권한을 줄 수 있어요. 특별한 이유가 없는 한 참가자들에게는 기록 권한을 주지 않는 것이 좋아요.

10. 손 들기/손 내리기

(참가자만 가능) 참가자창에서 자신의 이름 옆에 '손 들기' 아이콘을 작게 표시하는 기능이에요.

① 참가자가 참가자창 아래의 손 모양 아이콘을 클릭하면 이름 옆에 파란색 손 모양 아이콘이 나타나고, 한 번 더 누르면 사라져요.

② 호스트의 화면에는 이렇게 표시돼요. 호스트가 손 모양을 클릭해서 '손 내리기'를 할 수도 있어요.

▶ 꿀팁

• 수업할 때 발표하고 싶은 학생들이 있는지 확인할 때 활용할 수 있어요. '손 들기' 표시를 한 학생에게 발언권을 주거나 투표, 의사결정 등에도 활용할 수 있어요.
• 선생님이 참가자창을 꺼 두면 손 들기를 한 참가자가 몇 명인지 인원수를 하단의 말풍선으로 알려 줘요.
• 선생님이 참가자창의 '모든 손 내리기'(기기에 따라 '모든 피드백 지우기')를 누르면 손 들기 표시가 한 번에 사라져요. 학생에게 일일이 손 들기, 손 내리기를 맡기지 않아도 돼요.
• 처음 설정으로는 '손 들기' 아이콘 하나만 제공하지만, 줌 홈페이지 '설정'에서 '음성 이외 피드백'을 활성화해 두면, 더 다양한 아이콘들을 사용할 수 있어요. (예, 아니오, 더 빠르게, 더 느리게, 휴식 필요, 자리 비움 등)

11. 반응

박수, 엄지 같은 간단한 아이콘을 내 화면 옆에 잠시 표시하는 기능이에요. 약 10초 동안 나타났다가 자동으로 사라져요.

메인 화면 우측 하단의 반응 아이콘을 클릭해요.

박수나 엄지 아이콘을 누르면 내 화면 에 노란색 손 모양 아이콘이 나타났다가 잠시 후 사라져요.

▶ 꿀팁

• 음소거 상태에서 다른 친구가 발표할 때 칭찬이나 호응을 하는 기능으로 사용할 수 있어요.

12. 음소거 / 음소거 해제

자신의 소리(오디오)를 켜고 끄는 기능이에요.

① 메인 화면 하단 가장 왼쪽 '음소거/음소거 해제' 아이콘을 클릭하여 자신의 소리를 내보낼지 말지 설정할 수 있어요.

② 클릭할 때마다 음소거/음소거 해제 상태가 바뀌어요.

▶ 꿀팁

• 줌을 처음 실행할 때는 '음소거' 아이콘 위치에 '오디오 참가' 아이콘이 나타나요. 버튼을 누르고 '컴퓨터 오디오로 참가' 말풍선을 누르면 그때부터 음소거/음소거 해제가 가능해요.

⊕ 추가기능

음소거/음소거 해제 요청(호스트만 가능)

호스트가 참가자의 오디오를 강제로 끌 수 있는 기능이에요. 호스트가 원하는 참가자 화면 우측 상단의 파란색 음소거 버튼을 누르면 해당 참가자의 오디오가 강제로 꺼져요. 하지만 호스트가 오디오를 강제로 다시 켤 수는 없어요. 호스트

가 '음소거 해제 요청'을 하고, 참가자가 승낙해야만 음소거가 해제돼요. 강제로 음소거된 참가자가 스스로 오디오를 다시 켤 수 있게 하는 방법도 있어요. 호스트가 미리 '보안' 아이콘을 클릭하여 '스스로 음소거 해제'를 체크해 두면 돼요.

스피커 & 마이크 테스트

'음소거' 아이콘 옆의 작은 화살표를 클릭하여 자신의 스피커와 마이크 상태를 테스트할 수 있어요.

오디오 설정

'음소거' 아이콘 옆의 작은 화살표를 클릭하고 '오디오 설정'을 누르면 오디오 설정창이 나타나요.

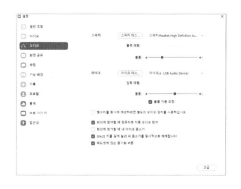

(1) 회의에 참여할 때 컴퓨터로 자동 오디오 참여: 체크해 두면 매번 오디오 참여를 누르지 않아도 자동으로 오디오가 참여된 상태로 참여해요.

(2) 회의에 참가할 때 내 마이크 음소거: 체크해 두면 회의에 참가할 때 오디오 참여와는 별개로 마이크를 음소거한 상태로 참여해요.

(3) SPACE 키를 길게 눌러 내 음소거를 일시적으로 해제합니다: 음소거 상태에서 스페이스 키를 누르고 있으면 잠시 동안 음소거가 해제되고, 다시 스페이스 키에서 손을 떼면 음소거가 적용돼요.

(4) 회의 중 옵션 표시한 후 마이크로 원음 사용 가능: 오디오 설정창에서 우측 하단의 '고급' 버튼을 눌러 활성화할 수 있어요. 활성화한 후 메인 화면 좌측 상단에 '원음 켜기' 버튼을 누르면 내 오디오가 소음 억제 과정 없이 그대로 상대방에게 생생하게 전달돼요.

13. 모두 음소거

(호스트만 가능) 호스트가 모든 참가자의 오디오를 한 번에 음소거하는 기능이에요. 조용한 상태에서 호스트만 말해야 할 때 사용해요.

🌑 호스트는 참가자창에서 하단의 '모두 음소거' 버튼을 클릭해요.

🌑 모두 음소거창이 나타났어요. '예'를 누르면 모든 참가자의 오디오가 강제로 음소거 돼요. 추후 '참가자가 음소거를 해제할 수 있도록 허용'에 체크하는 게 좋아요.

▶️ 꿀팁

- 보안상의 이유로 호스트가 참가자의 음소거를 강제로 해제할 수는 없고, '음소거 해제 요청'만 가능해요. 한번에 모든 참가자들에게 음소거 해제를 요청하려면 참가자창 하단 '⋯' 아이콘을 누르고 '모두에게 음소거 해제 요청'을 눌러요. 개별로 음소거 해제를 요청하고 싶다면, 참가자창에서 원하는 참가자 이름 옆에 마우스를 대면 '음소거 해제 요청'이 나타나요.

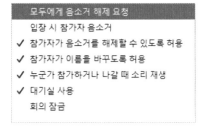

- 호스트가 '모두 음소거' 기능을 사용할 때 설정창에서 '참가자가 음소거를 해제할 수 있도록 허용'에 체크해 두었다면 참가자가 스스로 음소거를 해제할

수 있어요. 체크를 해 놓지 않았다면 참가자가 스스로 음소거를 해제할 수 없기 때문에, 호스트
가 일일이 '음소거 해제 요청'을 클릭해 주어야 해요.

14. 화면 공유

자료(PPT, 동영상, 인터넷창 등)를 모든 참가자가 동시에 볼 수 있도록 공유하는 기능
이에요.

❶ 메인 화면 하단 중앙에 '화면 공유' 아이
콘을 클릭해요.

❷ 화면 공유 설정창이 뜨면, 공유하고 싶
은 화면을 클릭하고 오른쪽 하단의 '공유'를
눌러요.

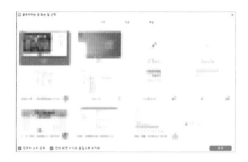

❸ 전체 화면이 공유된 모습이에요. 공유
되고 있는 화면 영역만큼 테두리가 연두색
으로 표시돼요.

화면 공유를 중지할 때는 화면 상단의 '공유 중지' 버튼을 눌러요. '공유 일시 중지' 아이콘을 활용할 수도 있어요.

클릭

- 선생님이 준비한 자료를 함께 보며 수업을 진행하거나 학생이 직접 화면을 공유하여 발표할 때 활용해요.
- 소리가 있는 화면을 공유할 때는 설정창 왼쪽 하단의 '컴퓨터 소리 공유'에 체크를 해야 소리까지 공유돼요.
- 동영상을 공유하는 경우, 설정창 하단의 '전체 화면 비디오 클립으로 최적화'에 체크하면 좀 더 원활하게 공유가 돼요.
- 화면 공유 설정창에서 공유할 화면을 세부적으로 선택할 수 있어요. 화면 전체를 공유할 수도 있고, 현재 켜져 있는 프로그램을 직접 선택하여 공유할 수도 있어요.
- 화면 공유 기능을 사용할 경우 기기 성능에 따라 1~2초 정도의 시간 차이가 발생해요. 정확한 타이밍이 중요한 활동의 경우, 이 부분을 감안하여 수업을 계획하시는 것이 좋아요. 특히 음악 수업에서 주의가 필요합니다.

⊕ 추가기능

고급 공유 옵션

'화면 공유' 아이콘 옆의 화살표를 눌러 '고급 공유 옵션'을 설정할 수 있어요. 화면 공유를 할 수 있는 권한을 호스트만 가질지, 참가자에게도 허용할지 선택할 수 있어요. 듀얼 모니터를 사용하고 있다면 여러 참가자가 동시에 공유할 수 있게 설정할 수도 있어요.

15. 화이트보드 공유

화이트보드를 공유하여 다른 참가자들과 함께 보는 기능이에요.

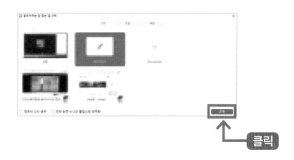

① '화면 공유' 설정창에서 기본)화이트보드를 선택하고 오른쪽 하단의 '공유' 버튼을 눌러요.

② 화이트보드가 공유되어 나타나요.

▶ 꿀팁

● 주석 기능과 함께 사용하면 실제 칠판처럼 활용할 수 있어요. 선생님이 직접 판서를 할 수도 있고, 모든 학생이 다 같이 주석을 작성해 아이디어를 모으는 활동도 가능해요.

16. 컴퓨터 소리만 공유

화면을 공유하지 않고, 소리만 공유하고 싶을 때 사용하는 기능이에요.

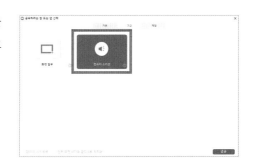

① '화면 공유' 설정창에서 상단의 '고급'을 클릭하고 '컴퓨터 소리만'을 선택한 후, 오른쪽 하단의 '공유' 버튼을 클릭해요.

② 화면 상단에 '컴퓨터 소리 공유 중입니다'가 표시되면서 컴퓨터 소리가 공유돼요.

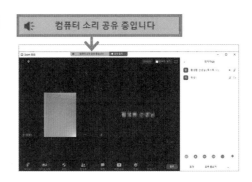

▶ 꿀팁
- 퀴즈 수업에서 효과음을 넣거나 노래를 틀어줄 때 등 다양하게 활용할 수 있어요.
- '화면 공유' 기능과 달리 화면 전환 과정 없이 다른 활동을 함께하면서 소리만 공유할 수 있어서 편리해요.

17. 주석

'화면 공유'된 화면에 필기를 할 수 있는 기능이에요.

① '화면 공유'된 상태에서, 상단 플로팅 메뉴의 '주석 작성' 아이콘을 클릭하면 주석 세부 메뉴가 나타나요. 사진처럼 화이트보드 화면을 공유한 상태에서는 아이콘 이름이 '화이트보드'로 바뀌어요.

② 원하는 세부 기능을 선택해 사용할 수 있어요. 사진처럼 텍스트를 입력할 수도 있고, 마우스나 손가락을 이용해서 화면을 그림판처럼 사용할 수 있어요.

③ 주석 기능은 다양하게 활용할 수 있어요.

선택 주석 내용을 선택하여 위치를 이동할 때 써요. 참가자 주석 표시를 체크했다면, 이름을 확인할 때도 사용해요.

텍스트 원하는 곳에 텍스트로 주석을 넣을 수 있어요.

그리기 그림판처럼 자유롭게 주석을 넣을 수 있어요.

스탬프 정해진 모양의 스탬프로 주석을 넣을 수 있어요. (화살표, 하트, 별 등)

추천 호스트가 주석을 활용해 원하는 곳에 강조 표시를 해요.

지우개 주석 내용을 지울 수 있어요. 지워 놓지 않으면 화면 공유를 중지하더라도 그대로 저장되어 다음 화면 공유에 다시 나타납니다.

형식 주석의 색깔, 펜 굵기 등을 설정할 수 있어요.

▶꿀팁

- 주석 세부 기능은 어떤 기기를 사용하는지에 따라 많이 달라져요. 스마트폰이나 태블릿PC에서는 주석에서 스탬프 사용을 할 수 없어요. '화살표' 기능을 '스탬프' 기능 대신 활용할 수 있어요.
- 주석 기능을 사용할 때에는 펜 기능이 있는 태블릿을 사용하면 훨씬 편리합니다. 수학 수업을 할 때 계산 과정을 직접 써 가며 설명할 수 있어요.
- 학생들이 주석 기능을 사용할 수 있도록 허용하는 경우 학생들과 함께 규칙을 정해 놓아야 해요. (낙서하지 않기, 스탬프는 한 번만 찍기, 크게 쓰지 않기 등)

⊕ 추가기능

참가자 주석 사용 안 함(호스트만 가능)

공유된 화면 상단의 '더 보기' 아이콘을 클릭하면, 호스트 이외에 다른 참가자들에게 주석 기능 권한을 줄지 선택할 수 있어요.

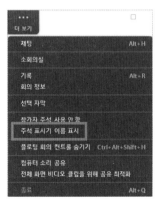

주석 표시기 이름 표시/이름 숨기기(호스트만 가능)

공유된 화면 상단의 '더 보기' 아이콘을 클릭하여, '주석 표시기 이름 표시/숨기기'를 설정할 수 있어요. 참가자들이 작성한 주석 위에 호스트가 마우스를 가져다 대면 해당 참가자의 이름이 표시되는 기능이에요.

18. 원격 제어

호스트가 공유한 화면을 참가자가 직접 조작할 수 있도록 권한을 넘겨주는 기능이에요.

❶ 화면이 공유된 상태에서, 화면 상단 메뉴의 '원격 제어' 아이콘을 클릭해요.

❷ 공유 화면을 제어할 참가자를 선택해서 권한을
넘겨줘요.

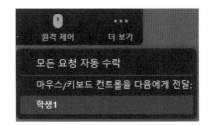

❸ 정상적으로 원격 제어가 실행되면 아이콘 색깔이 변해요. 권한을 넘겨준 상태에서는 호스
트와 선택된 참가자 모두 화면을 제어할 수 있어요.

❹ 원격 제어를 종료하고 싶을 때는 다시 아이콘
을 클릭하고, '제어 중단' 버튼을 눌러요.

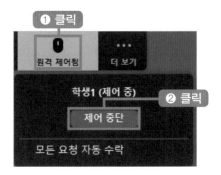

▶꿀팁

• 고성능을 요구하는 기능이기 때문에 생각처럼 원활하게 작동하지는 않을 수 있어요. 원격 제어
를 통해 세밀한 컨트롤이 요구되는 활동은 하기 어려워요.

19. 채팅

전체 참가자들과 채팅을 하는 기능이에요.

🔵 메인 화면 하단 중앙에 '채팅' 아이콘을 클릭하여 우측에 채팅창을 나타나게 할 수 있어요. 채팅창이 닫혀 있으면 사진처럼 말풍선 형태로 표시돼요. 아이콘의 숫자는 아직 읽지 않은 메시지의 개수를 뜻해요.

🔵 채팅창을 통해 메시지를 입력하여 전달할 수 있어요. 보낼 대상을 '모두'로 선택하여 전체 채팅을 할 수 있어요.

▶꿀팁

● 스마트폰이나 태블릿PC의 경우, 화면 하단 우측 '더 보기'를 클릭한 후 '채팅'을 눌러 채팅창으로 입장할 수 있어요. 채팅창으로 입장하면 화면 속 내 모습이 잠시 멈춰져요.

● 사전에 온라인 대화 예절을 학습하는 것이 좋아요. 채팅창을 통해 대화할 때 비언어적 요소를 전달할 수 없기 때문에, 학생들 간에 감정 상하는 일이 일어나기 쉬워요.

20. 비공개 채팅

호스트나 다른 참가자에게 1:1 메시지를 보내는 기능이에요.

채팅창 하단의 '받는 사람'에서 특정 참가자를 선택하고 메시지를 입력해요.

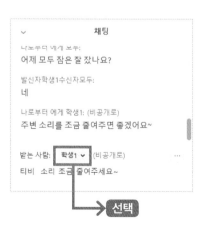

- 호스트는 채팅창 하단의 '더 보기(…)' 버튼을 클릭
하여 채팅 허용 대상을 간단히 변경할 수 있어요.
'참가자는 다음의 대상과 채팅할 수 있습니다' 아래
에 '없음'을 선택하면 채팅이 비활성화 돼요. '호스
트만'을 선택하면 호스트와만 채팅할 수 있고, '모

두에게 공개'를 선택하면 전체 채팅 혹은 호스트에게만 1:1 메시지를 보낼 수 있어요.

- 줌 홈페이지 설정을 비공개 채팅을 활성화해 두면 참가자들끼리 1:1 메시지를 보낼 수 있어요.
학생들끼리 수업 중에 비밀 얘기를 하는 일이 없도록 처음에는 설정하지 않는 것이 좋아요. 해당
설정과는 관계없이 선생님과 학생끼리는 언제든 1:1 비공개 메시지를 보낼 수 있어요.

21. 파일 전송

채팅창을 통해 내 컴퓨터에 있는 파일을 주고받는 기능이에요.

🌕 채팅창에서 '파일' 버튼을 클릭하고 맨 아래의
'내 컴퓨터'를 클릭해요.

🌒 원하는 파일을 선택하고 '열기'를 클릭
해요.

③ 채팅창에 파일이 업로드되면 학생들이 자유롭게 다운로드할 수 있어요.

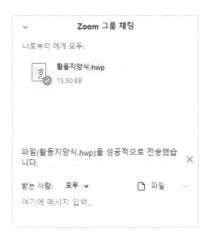

- 호스트나 참자가 간에 특정 파일이나 양식을 전달하여 활용하면 수업을 훨씬 다양하게 구성할 수 있어요. 주로 가상 배경이나 프로필 사진으로 사용할 사진 파일을 전달할 때 많이 사용해요.

22. 소회의실

참가자들을 모둠으로 묶어 별도로 회의할 수 있도록 작은 회의실을 만드는 기능이에요.

① 사전 설정: 줌 홈페이지의 개인설정〉고급 탭에서 '소회의실' 기능을 활성화해요.

② 메인 화면 하단에 '소회의실' 버튼을 클릭해요.

⑬ 소회의실 만들기창이 나타나요. 소회의
실을 몇 개나 만들지, 몇 명씩 분배할지를
자동 혹은 수동으로 설정할 수 있어요.

⑭ 자동으로 설정하여 소회의실을 만들어
보았어요. 참가자 조정이나 소회의실 이름
변경 등 원하는 대로 추가 설정을 한 후, 하
단 '소회의실 열기'를 누르면 참가자들이 소
회의실로 입장을 시작해요.

⑮ 호스트가 소회의실 중 하나에 입장한
모습이에요. 같은 소회의실에 모인 인원들
끼리만 회의가 가능해요.

▶ 꿀팁

- 소회의실에 들어가기 전에 언제까지, 무슨 활동을, 어떻게 해야 하는지 반드시 구체적인 안내가
  있어야 해요.
- 소회의실 만들기창에서 '자동'을 선택하면 참가자들이 무작위로 배정되고, '수동'을 선택하면 참
  가자들을 일일이 원하는 모둠에 배정할 수 있어요.
- 소회의실을 정해진 모둠원으로 구성하기 위해 수동으로 배정할 때는 미리 참가자들 이름을 바
  꿔 놓으면 편리해요. (예: 2모둠 김○○, 3모둠 이○○)
- 참가자들이 모두 소회의실로 들어가고 나면, 호스트는 혼자 메인 세션에 남게 돼요. 호스트는
  각각의 소회의실에 '참가'와 '나가기'를 반복하며 순회 지도할 수 있어요.

- 소회의실에 들어간 학생들은 '소회의실 나가기'를 눌러 메인 세션으로 다시 돌아올 수 있어요. 호스트가 소회의실을 없애지 않았다면 메인 세션에서 다시 소회의실로 돌아갈 수도 있어요.
- 참가자들은 소회의실에서 호스트가 필요할 때 화면 좌측 상단에 '도움 요청' 버튼을 클릭하여 호스트에게 도움을 요청할 수 있어요. 꼭 필요할 때만 누르는 것으로 약속해요.

⊕ 추가기능

소회의실 추가 설정

소회의실 설정창에서 화면 하단 중앙 '옵션'을 클릭하면 추가로 편의 기능을 설정할 수 있어요.

(1) 모든 참가자를 자동으로 소회의실로 이동합니다: 체크하면 참가자들에게 참가 여부를 묻지 않고 강제로 참가시켜요.

(2) 참가자가 언제든지 메인 세션으로 돌아가도록 허용합니다: 체크하면 소회의실에서 메인 세션으로 돌아올 수 있어요. 체크를 해제하면 소회의실에서 나가기를 눌렀을 때 전체 회의에서 퇴장하게 돼요.

(3) 소회의실을 닫은 후 카운트다운: 호스트가 소회의실을 모두 종료했을 때, 소회의실이 종료되기 전까지 참가자들에게 정리하고 빠져나올 시간을 주도록 설정할 수 있어요.

브로드캐스트

(1) 소회의실창 좌측 하단 '브로드캐스트' 버튼을 눌러 사용해요. 메인 세션에서 전체 소회의실에 있는 참가자들에게 메시지 형태로 안내나 공지를 할 수 있어요.

(2) 브로드캐스트 내용은 채팅처럼 남아 있는 게 아니라 화면에 잠깐 나타났다가 사라져요.

23. 소회의실 이름 바꾸기

소회의실 이름을 변경하는 기능이에요.

소회의실 설정창에서 해당 소회의실 옆 '이름 바꾸기' 버튼을 클릭하고 원하는 이름으로 수정해요.

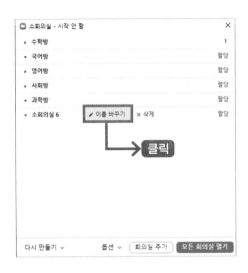

▶ 꿀팁

● 소회의실 이름을 바꾸어 동아리, 수준별 학습 등 다양한 활동에 활용이 가능해요.

지금까지 소개한 기능들을 선생님만의 방식으로 줌 수업에 적극적으로 활용해 보세요. 단순하고 비슷했던 수업에서 학생들이 즐거워하는 새로운 수업으로 탈바꿈할 수 있습니다. 다만, 한 가지 주의하셔야 할 것은 학생들의 기기 조작 능력이 모두 다르다는 점이에요. 선생님만큼이나 기기 조작에 익숙한 학생들도 있지만, 간단한 버튼 클릭 하나도 힘겨워하는 학생들이 있습니다. 줌 수업에 새로운 기능을 적용하실 때는 항상 충분한 시간을 가지고 천천히 설명해 주세요. 학생들에게 연습할 시간이 충분히 주어진다면, 선생님의 톡톡 튀는 아이디어로 더 풍성한 수업을 만들 수 있을 겁니다.

마지막으로 줌 수업을 더욱 다채롭게 만들어 줄, 학생들에게 알고 있으면 좋을 컴퓨터 활용 기능을 몇 가지 소개합니다. 줌 기능을 다양하게 활용하다 보면, 줌 프로그램 이외에도 여러 가지 기본 컴퓨터 기능이 필요할 때가 있는데요. 스마트폰이나 태블릿과는 달리 컴퓨터로 줌 수업에 참여하는 학생들은 기본적인 기능 활용이 낯선 경우가 많습니다. 특히 가상 배경이나 프로필 사진 기능을 수업에 활용할 때 몇 가지 기능을 미리 연습해 두면, 학생들 스스로 원하는 사진을 골라 파일로 관리할 수 있도록 하는 데 도움이 될 거예요. 단, 온라인 공간에 있는 사진을 활용할 때에는 반드시 저작권과 초상권 관련 법을 반드시 지키도록 안내해 주세요.

 학생들이 알고 있으면 좋은 컴퓨터 활용 기능

- 화면 캡처하는 방법: 컴퓨터 키보드의 '프린트 스크린' 키를 누르고, 그림판을 실행시켜 '붙여넣기' 및 '저장'을 클릭해요.
- 인터넷으로 검색하는 방법: 바탕화면의 인터넷 아이콘을 더블 클릭하여 포털 사이트 검색창에서 원하는 단어를 입력해요.
- 인터넷에서 사진을 저장하는 방법: 인터넷 화면의 원하는 사진을 오른쪽 마우스 클릭하여 '이미지 저장' 또는 '다른 이름으로 이미지 저장'을 클릭해요.

3
Part

줌zoom 수업을
보여 '줌'니다

줌 프로그램을 활용한 수업은 기존 오프라인 대면 수업에서 할 수 없었던 새롭고 다양한 시도를 통해 경험의 폭을 넓혀 줍니다. 지금부터 만나 볼 90가지 수업 사례 속에는 학생들의 참여를 이끌어 내기 위한 기발한 아이디어와 재미있는 활동들이 가득합니다. 또한, 초등 교육과정에서 목표로 하는 미래 사회가 요구하는 창의 융합형 인재를 기르기 위한 수업이 되도록 고심하여 구성하였습니다. 수업 사례는 〈2015개정교육과정〉에서 제시하는 핵심 역량 여섯 가지로 구분하였습니다. 교육과정에서는 미래 인재를 기르기 위한 핵심 역량을 아래와 같이 제시하고 있습니다.

역량	의미
자기관리 역량	자아정체성과 자신감을 가지고 자신의 삶과 진로에 필요한 기초 능력과 자질을 갖추어 자기 주도적으로 살아갈 수 있는 능력
지식정보 처리 역량	문제를 합리적으로 해결하기 위하여 다양한 영역의 지식과 정보를 처리하고 활용할 수 있는 능력
창의적 사고 역량	폭넓은 기초 지식을 바탕으로 다양한 전문 분야의 지식, 기술, 경험을 융합적으로 활용하여 새로운 것을 창출하는 능력
심미적 감성 역량	인간에 대한 공감적 이해와 문화적 감수성을 바탕으로 삶의 의미와 가치를 발견하고 향유할 수 있는 능력
의사소통 역량	다양한 상황에서 자신의 생각과 감정을 효과적으로 표현하고 다른 사람의 의견을 경청하며 존중하는 능력
공동체 역량	지역·국가·세계 공동체의 구성원에게 요구되는 가치와 태도를 가지고 공동체 발전에 적극적으로 참여하는 능력

각 수업 사례 상단에 수업 목표가 되는 **핵심 역량**들을 표시해 두었습니다. 목표로 하는 핵심 역량과 핵심 활동 내용이 어떻게 연결되는지 생각하며 수업을 준비한다면, 줌 수업에서도 충분히 배움과 성장이 있는 수업을 만들어 갈 수 있습니다.

선생님들의 수업 준비를 돕기 위하여 핵심 역량과 함께 수업의 난이도나 소요 시간 등 여러 가지 참고 정보들도 함께 적어 두었습니다. 난이도는 사용되는 기능이나 수업 준비를 위한 과정을 모두 감안하여 3단계(별 모양 표시)로 구분하였으며, 실제 수업에 소요된 시간을 바탕으로 예상 소요 시간을 표시했습니다. 또한 수업 중 사용된 줌 프로그램의 주요 기능들을 표시하였습니다.

'줌 수업 흐름 엿보기'를 통해 전체 수업의 진행 과정을 확인할 수 있습니다. 그 흐름을 한눈에 알아볼 수 있도록 2~4단계로 나누어 도표로 나타냈습니다.

'줌 수업 맞이하기'에는 선생님들이 미리 준비하거나 학생에게 안내해야 할 사전 과제와 준비물을 적어 두었습니다. 사전 과제를 오프라인 수업 활동으로 활용하시면 온·오프라인 블렌디드 수업으로 계획할 수도 있습니다.

'줌 수업 속으로 들어가기'에서는 수업의 주제가 되는 핵심 활동에 별도로 표시를 해 두었습니다. 활동별로 사용되는 기능 역시 우측에 별도로 표시해 두었으니, 기능 사용에 어려움이 있다면 Part 2의 Chapter 3에 나오는 기능 설명을 참고하면 됩니다.

마지막으로, 제시된 수업을 여러 가지 주제로 확장 활용할 수 있도록 주제 확장 예시와 수업을 진행할 때 특히 유의해야 할 점 등을 꿀팁 형태로 아래에 같이 적어 두었으니, 이것도 활용하면 수업을 계획하는 데 많은 도움이 될 것입니다.

늘 그렇듯 야심차게 모든 준비를 마친 수업도 여러 가지 변수가 발생할 수 있습니다. 간단한 조작을 하는 데도 너무 오랜 시간이 걸리거나, 생각지도 못한 시행착오를 겪을 수도 있습니다. 걱정하지 마세요. 선생님이 생각한 대로 수업이 흘러가지 않더라도, 학생들은 여전히 즐겁게 참여해 줄 것입니다. 학생들과 함께 소통하여 선생님만의 수업을 완성해 가는 과정에서 서로 성장하는 모습을 발견하게 될 거예요.

자, 그럼 이제 본격적으로 줌 수업 사례를 만나 볼까요?

1
Chapter

줌zoom 수업에서
자기관리 역량을 길러 '줌'

1. 당신의 ○○○ 비결이 뭐예요?!

"쉿! 특별히 너한테도 알려 줄게. 내 비결은 말이야…."

누구나 하나쯤은 자기만의 비결이 있지? 좋은 건 함께 나눠야지! 나만의 비결을 친구들과 함께 나눠요. 나의 비결이 친구에게 도움이 되고, 친구의 비결이 나에게 도움이 된다면?! 서로 돕고 함께 자라며 자기관리 역량을 길러요.

주요 기능: 화이트보드 공유, 추천 비디오   추천 학년: 3~6학년   추천 과목: 도덕, 국어

1. 줌 zoom 수업 흐름 엿보기

1단계	2단계	3단계
비결에 관한 이야기 들려주기	학생들의 비결 모으기	〈과제 연계〉 나만의 비결 발표하기

2. 줌 zoom 수업 맞이하기

사전 과제: 나만의 ○○○ 비결 발표 준비하기. 예) 수학 문제 실수하지 않는 법, 발표 잘하는 법, 그림 잘 그리는 법, 일찍 일어나는 방법 등
선생님 준비물: 비결과 관련한 이야기. 예) 선생님이 ○○○을 잘하게 된 비결 등

3. 줌 zoom 수업 속으로 들어가기

① 처음부터 잘하는 사람이 있을까?!
• 비결과 관련한 이야기를 들려줘요.
"선생님은 발표가 너무 떨리는 학생이었어요. 믿기지 않나요? 그래서 말을 잘하는 친구들을 볼 때면 너무나도 부러웠어요. 하루는 발표를 잘하는 친구에게 그 비결을 물어봤죠. 토론 대회 우승을 한 친구거든요. 그런데 뜻밖에도 친구 역시 원래는 발표를 잘하지 못했대요. 그 친구가 발표를 잘하게 된 비결은… 3년 동안 샤워할 때마다 똑같은 이야기를 소리 내어 연습한 결과라고 하더라고요."

② 친구들의 비결을 모아라~!
• 선생님은 화이트보드를 공유하고, 학생들은 자신의 비결 한 가지를 써요. 예) 수학 문제 실수하지 않는 법, 그림 잘 그리는 법 등 (사전 과제 참고)

③ 〈과제 연계〉 나의 비결은 말이지!?
• 화이트보드를 함께 보면서 비결을 고르면, 해당하는 학생이 자기 비결을 이야기해 줘요. "저는 수학 문제를 잘 풉니다. 비결은 바로 풀이 과정에 있어요. 풀이 과정을 쓸 때 연습장을 둘로 나누고…"
• 다른 학생들은 도전하고 싶은 친구의 비결을 메모하면서 들어요.
• 일주일 동안 친구의 비결을 실천해 보고, 소감을 나눠요.

▶ 추천 비디오
선생님을 추천 비디오로 설정하면 다른 학생들이 선생님에게 집중할 수 있어요.

▶ 화이트보드 공유/주석
학생들이 비결을 쓸 때 텍스트 기능으로 쓰도록 약속해요.

▶ 추천 비디오
발표 학생을 추천 비디오로 설정하면 다른 학생들이 발표에 집중할 수 있어요.

• 학생들은 자기가 가진 비결을 찾을 때 부모님이나 친구의 조언을 받아 봐도 좋아요. 예) "내가 가진 비결이 뭘까? 나한테 배우고 싶은 비결이 있어?"
• 사전 과제로 비결을 준비할 때 방법을 구체적으로 써 오도록 지도해요.

2. 감정은 내 친구

"내 마음속 친구, 감정과 친해져 보자!"

내 마음속 소중한 내 친구, '감정'! 다양한 감정의 종류를 알고 표정과 이모티콘으로 표현해 봐요. 내 감정을 잘 알고 표현할수록 자기관리 역량이 커진답니다!

주요 기능: 화이트보드 공유, 추천 비디오   추천 학년: 1~6학년   추천 과목: 미술, 국어, 도덕

1. 줌 zoom 수업 흐름 엿보기

1단계	2단계	3단계
감정 마인드맵 그리기	표정으로 나타내기	감정 이모티콘 만들기

2. 줌 zoom 수업 맞이하기

학생 준비물: 종이 여러 장, 색연필

3. 줌 zoom 수업 속으로 들어가기

① 내 마음속에 사는 감정!

- 선생님은 화이트보드를 공유하고, 학생들은 다양한 감정을 써 봐요.
  예) 긍정적 감정: 행복, 설렘, 고마움, 신남, 즐거움 등, 부정적 감정: 슬픔, 화, 짜증, 불안, 무서움, 서러움 등

▶ **화이트보드 공유/주석**

화이트보드를 긍정적, 부정적 영역으로 구분하고, 학생들은 주석(텍스트)으로 적어요.

② 내 얼굴로 나타나는 감정!

- 선생님은 다양한 상황을 제시하고, 학생들은 상황에 따른 기분을 표정으로 표현해요.
  "좁은 골목길을 혼자 걸어갈 때 표정은?", "내일은 친구들과 소풍 가는 날! 오늘 기분은 어떤가요?"

▶ **갤러리 보기/추천 비디오**

갤러리 보기로 학생들의 표정을 한 번에 볼 수 있어요. 실감 나는 표정의 학생은 추천 비디오로 공유해 줘요.

③ 나만의 감정 이모티콘

- 학생들은 감정을 표현하는 이모티콘(눈, 코, 입)을 생각해 보고 종이에 그려 봐요. 감정 이모티콘을 화면에 보여 주며 발표해요. "설렘 이모티콘입니다. 소풍 전날, 김밥만 생각해도 행복하고 신나는 표정을 표현했어요."

▶ **추천 비디오**

발표 학생을 추천 비디오로 설정하면 다른 학생들이 발표에 집중할 수 있어요.

4. 이렇게 활용할 수 있어요

- '감정' 프로젝트로 감정을 다스리는 방법, 감정을 표현하는 방법 등으로 주제를 확장할 수 있어요.
- 학생들이 만든 감정 이모티콘으로 '우리 반 감정 카드'를 만들어 다양한 감정 수업에 활용할 수 있어요. 예) 감정 출석부

- 『아홉 살 마음 사전』(박성우 지음)을 읽어 주며 하나의 감정에 여러 가지 상황이 있을 수 있다는 사실을 함께 배우면 좋아요. 예) 창피하다는 것은 코딱지를 파다가 좋아하는 애한테 들켰을 때 드는 마음, 창피하다는 것은 유치원에 다니는 동생의 과자를 뺏어 먹으려다 결국 싸우고 말았을 때 드는 마음 등
- 고학년은 수준을 높여 보다 다양한 감정을 배울 수 있어요. 예) 황홀함, 뭉클함, 당황스러움, 민망함, 안쓰러움 등
- 학생들이 감정 이모티콘을 발표할 때 구체적인 상황이나 기분을 표현하도록 지도해요.

3. 방구석 소중한 '땡땡땡' 찾기

"너희들에게만 보여 줄게!
이게 바로 내 소중한 '땡땡땡'이야~"

내가 가장 소중하게 여기는 '땡땡땡'을 직접 화면으로 보여 주면서 의미를 함께 나눠 봐요. 장수 풍뎅이, 1학년 때 학교에서 받았던 화분, 강아지, 가족사진 액자까지 소중한 것의 의미를 생각해 보면서 자기관리 역량을 키우는 인성 활동이에요.

주요 기능: 추천 비디오, 소회의실   추천 학년: 1~6학년   추천 과목: 도덕

1. 줌 zoom 수업 흐름 엿보기

1단계	2단계	3단계
소중한 것 발표하기	소중한 것 질문 주고받기	소감 나누기

2. 줌 zoom 수업 맞이하기

사전 과제: 학생들은 집에서 나에게 가장 소중한 '땡땡땡'을 찾아보고, 소개하는 글을 준비해요.

3. 줌 zoom 수업 속으로 들어가기

① 소개할게! 나에게 소중한 거야~

- 먼저 시범으로 선생님에게 소중한 것을 소개해요.

  예) 제자들의 편지나 사진

- 학생들이 사전 과제로 찾아온 소중한 '땡땡땡'을 1분 정도씩 돌아가면서 전체 학생들이 발표해요. 이때, 발표를 들으면서 친구들에게 질문할 내용을 생각해 보도록 안내해요.

② 우리끼리 인터뷰

- 소회의실에 모둠별로 들어가서 서로 소중한 것에 대해 질문을 주고받아요.

  예) "땡땡땡이 너에게 소중한 이유가 뭐야?"

  "땡땡땡은 너의 곁으로 어떻게 왔어?"

  "땡땡땡에게 이름은 지어 줬어?"

③ 있을 때 잘하자!

- 메인 세션에서 만약 소중한 것이 없어진다면 어떤 느낌 일지 이야기하며 마무리해요.

▶ 추천 비디오

발표 학생을 추천 비디오로 설정하면 다른 학생들이 발표에 집중할 수 있어요. 발표 학생은 물건을 화면 가까이 보여 줘요.

▶ 소회의실

질문을 주고받을 수 있도록 4~5명으로 구성해요.

▶ 갤러리 보기

- '땡땡땡'은 물건뿐 아니라 강아지, 식물, 곤충도 될 수 있다는 점을 미리 알려 주세요.
- 비싼 물건이나 장난감 같은 것보다 오래도록 소중히 여기고 의미가 담긴 것을 생각해 보도록 이야기해 주세요.
- 모든 학생이 발표할 수 있도록 1~2분 정도로 발표 시간을 제한하면 좋아요.

4. 온라인 동아리를 모집합니다!

"음악감상부! 음악감상부 모집합니다~!
… 종이접기부! 종이접기 관심 있는 사람~!"

게시판에 동아리 모집 공고를 잔뜩 붙이던 시절은 가라! 지금은 온라인으로 한번에! 공유된 화이트보드에 주석 기능으로 쉽고 간단하게 동아리 모집 끝! 소회의실보다 안락한 동아리방이 어디 있을까? 쉽고 즐겁게 온라인 동아리 활동을 하면서 자기관리 역량을 길러요.

주요 기능: 화이트보드 공유, 주석   추천 학년: 4~6학년   추천 과목: 창체(동아리)

1. 줌 zoom 수업 흐름 엿보기

1단계	2단계	3단계
동아리 주제 정하기	동아리 선택하기	동아리 활동하기

2. 줌 zoom 수업 맞이하기

사전 과제: 원하는 동아리 부서 2~3가지 미리 생각해 오기

3. 줌 zoom 수업 속으로 들어가기

⬤ 동아리 주제 투표 결과는?!

• 여러 가지 학급 동아리 주제를 이야기하고, 선생님은 나온 주제를 화이트보드에 표로 정리해요.
예) 음악감상부, 종이접기부, 그림그리기부

• 학생들은 원하는 주제 3개에 스탬프를 찍어 학급 동아리 주제를 5~6가지로 좁혀요.

② 동아리를 선택해요!

• 선생님은 5~6가지 주제를 다시 표로 정리하고, 학생들은 원하는 동아리 부서에 스탬프를 한 번 찍어 의견을 표시해요.

• 동아리별 인원을 조정한 후, 소회의실을 만들어요.

③ 우리 동아리 친구들만 모여!

• 소회의실에 동아리별로 들어가서 동아리 계획, 동아리 이름, 준비물, 유의사항 등을 토의해요.

• 메인 세션으로 나와 동아리 계획을 발표해요. 동아리 시간마다, 소회의실에 동아리별로 모여 동아리 활동을 해요.

▶ **화이트보드 공유/주석**

스탬프는 세 번만 찍도록 약속해요. '주석 표시기 이름 표시' 기능으로 스탬프를 찍은 학생을 알 수 있어요. (꿀팁 참고)

▶ **화이트보드 공유/주석**

'주석 표시기 이름 표시' 기능을 사용해요. (꿀팁 참고)

▶ **소회의실 이름 바꾸기**

만화부, 연극부 등으로 이름을 바꿔요.

▶ **소회의실**

선생님은 소회의실을 순회하며 지도해요.

▶ **추천 비디오**

발표 학생을 추천 비디오로 설정하면 다른 학생들이 발표에 집중할 수 있어요.

• 선생님에게는 '주석 표시기 이름 표시' 기능이 있어요. 학생들이 쓴 주석에 마우스를 갖다 대면 주석을 쓴 학생의 이름이 보여요. 학생들은 이 기능이 없지만, 선생님이 이 기능을 사용할 때 함께 볼 수 있어요.

• 온라인으로 함께할 수 있는 동아리 부서를 개설해야 해요.

• 학생들이 한 부서에 몰리거나 인원이 너무 적은 경우, 학생들과 이야기를 통해 조정해요.

• 동아리 활동이 5~6회 정도 끝나면 발표회를 할 수 있도록 미리 안내해요.

5. 우리끼리 고민 상담소

"사연의 주인공에게 고민 해결 방법을 찾아 주세요!"

또래 상담이 온라인에서 가능하다고? 내가 보낸 사연이 소개되는 순간, 가슴이
두근두근! 고민을 나누고 이야기할수록 걱정은 훌훌, 마음은 두둥실! 우리 반 친
구들의 고민을 함께 나누면서 자기관리 역량을 길러요.

주요 기능: 채팅, 손 들기   추천 학년: 4~6학년   추천 과목: 도덕, 창체(자율)

1. 줌 zoom 수업 흐름 엿보기

1단계	2단계	3단계
고민 사연 받기	친구의 고민 함께 해결하기	〈과제 연계〉 주인공의 후기

2. 줌 zoom 수업 맞이하기

사전 과제: 학급 소통방에 비공개로 선생님에게 고민 사연 보내기

3. 줌 zoom 수업 속으로 들어가기

저에게 고민이 있어요!

- 선생님은 학급 소통방으로 미리 받은 학생들의 고민 사연을 하나 골라요. 이때, 주인공은 익명으로 해요. "주인공은 친구와 친해지고 싶은데 어떻게 다가갈지 모르겠다고 해요. 함께 방법을 찾아 주세요."

친구의 고민 함께 해결하기

- 비슷한 고민이 있었던 친구들은 '손 들기'를 눌러 친구 사연에 공감을 표현해 봐요.
- 학생들은 친구와 비슷한 고민이 있었는지 생각해 보고, 채팅창에 해결 방법을 함께 논의해요. "저는 친해지고 싶은 친구에게 과자 같은 작은 선물로 마음을 먼저 표현해 봤어요."

〈과제 연계〉 주인공의 후기

- 고민 주인공에게 친구들이 이야기해 준 방법을 실생활에 적용해 보도록 미션을 줘요.
- (다음 고민 상담 시간이 되면) 지난 시간 주인공은 비공개 채팅으로 미션 소감을 보내고, 선생님은 후기를 학생들에게 공유해 주세요.

▶ 추천 비디오

선생님을 추천 비디오로 설정하면 다른 학생들이 선생님에게 집중할 수 있어요.

▶ 손 들기

손 들기 기능으로 공감을 표현해요.

▶ 채팅

해결 방법을 채팅으로 써요.

▶ 비공개 채팅

수신자를 '선생님'으로 하도록 주의해요.

- 또래 상담을 하는 친구들은 고민을 털어놓은 친구가 상처받지 않게 배려하며 말하도록 안내해 주세요.
- 해결 방법을 찾지 않아도 서로 이야기 나누고 공감하는 활동에 의미를 둬요.
- 고민 사연을 학급 소통방으로 미리 받지 않고 수업에서 '비공개 채팅'으로 받아도 돼요. 하지만 모든 학생의 고민을 하루에 해결할 수 없으니 학생들이 쓴 고민 사연을 따로 저장해 둬야 해요.

6. 김○○ 박물관에 초대합니다!

"이것은 패션모델 김○○ 씨가 초등학교 때 입었던 잠옷입니다."

박지성 박물관도 있는데, 미래에 내 박물관 하나쯤은 생기지 않겠어? 과연 내 박물관에는 어떤 물건이 전시될까? 즐겁게 상상하며 미래의 내 모습에 대해 진지하게 고민해 봐요. 친구들을 초대하여 내 꿈의 흔적들을 하나하나 소개하다 보면 어느새 자기관리 역량이 쑥쑥!

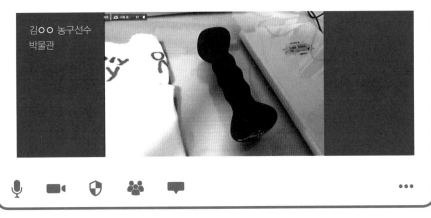

주요 기능: 화면 공유, 소회의실   추천 학년: 4~6학년   추천 과목: 창체(자율)

1. 줌 zoom 수업 흐름 엿보기

1단계	2단계	3단계
축구박물관의 박지성 전시관 살펴보기	미래의 내 박물관에 전시될 물건 찾기	미래의 내 박물관 전시물 발표하기

2. 줌 zoom 수업 맞이하기

사전 활동: 미래에 어떤 직업, 어떤 분야의 일을 하고 싶은지 미리 생각해 오기

선생님 준비물: 수원 축구박물관의 박지성 전시관 사진(블로그 등 검색)

학생 준비물: 미니 화이트보드(또는 종이), 보드마커

3. 줌 zoom 수업 속으로 들어가기

① 박지성 일기장이 왜 박물관에?!

• 선생님은 수원 축구박물관의 '박지성 전시관' 자료를 화면 공유해요. (선생님 준비물 참고)

② 내 박물관이 생긴다고요?!

• 미래의 내 박물관에 전시될 물건 3가지를 집 안에서 직접 가져와요. 가져온 물건에 대한 설명을 미니 화이트보드에 써요. 예) 그림 연습장: 웹툰 작가 김○○이 초등학생 때 캐릭터와 콘티를 그리던 공책

③ 제 박물관에 초대합니다!

• 소회의실에 모둠별로 모여요. 학생들은 박물관 가이드가 되어서 직접 소개를 하고, 질문을 주고받아요. "김○○ 박물관에 오신 것을 환영합니다. 웹툰 작가 김○○ 씨는 현재 목요 웹툰 1위를… 이 물건은 김○○ 씨의 초등학교 시절 그림 연습장입니다. 아주 빼곡하게 그려져 있죠?" 메인 세션으로 나와 인상 깊었던 박물관을 함께 이야기해요.

▶ 화면 공유

인터넷으로 전시물을 함께 살펴봐요.

▶ 갤러리 보기

▶ 소회의실

4~5명으로 모둠을 구성하고, 선생님은 모둠을 순회하면서 지도해요.

▶ 비디오 고정

학생들은 발표하는 모둠원만 비디오 고정하여 크게 봐요.

4. 이렇게 활용할 수 있어요

• 식물 박물관, 취미 박물관, 인형 박물관 등으로 주제를 변경하여 활동할 수 있어요.

• 직업과 관련한 물건이 아니더라도 의미를 담아 보는 것에 중점을 둬요.
  예) 필통: 과학자인 김○○이 초등학교 때 사용했던 필통입니다.
      잠옷: 패션모델 김○○이 초등학교 때 입었던 잠옷입니다.
• 상장이나 트로피 같은 물건뿐 아니라 노력한 흔적이 보이는 물건을 소개할 수 있도록 해요.
  예) 낡은 글로브나 피아노 악보 등
• 발표할 때 가상 배경으로 박물관 느낌을 주어도 좋아요.

난이도 ✦ ✦   소요 시간 15~20분

7. 사랑을 전하는 메신저♡

"사랑을 전하는 메신저, 오늘의 주인공은 ○○○입니다."

오늘만큼은 사랑받는 주인공이 되고 싶어! 주변 사람들이 나를 얼마나 사랑하는지 모른다고요? 사랑을 전하는 메신저가 알려 드립니다! 부모님, 선생님, 친구들의 메시지와 따뜻한 마음에 둘러싸인 특별한 하루를 보내며, 자기관리 역량을 길러요.

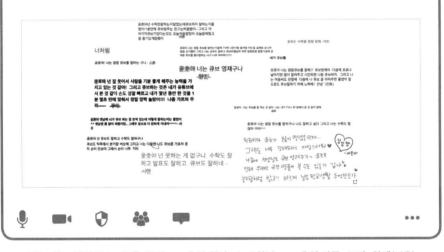

주요 기능: 화이트보드 공유, 주석   추천 학년: 1~6학년   추천 과목: 도덕, 창체(자율)

1. 줌 zoom 수업 흐름 엿보기

1단계	2단계	3단계
부모님과 선생님 메시지 준비하기	주인공 발표하기	주인공 장점 써 주기

2. 줌 zoom 수업 맞이하기

선생님 준비물: 선생님이 주인공에게 해 주고 싶은 말, 학부모 문자

예) 학부모 문자 내용: 남들은 모르는 자녀의 장점, 고마운 일, 칭찬, 사랑의 표현 등

3. 줌 zoom 수업 속으로 들어가기

사랑의 메신저♡

- 수업 전에 주인공 학생을 정하고, 부모님에게 '자녀에게 해 주고 싶은 말'을 문자로 받아 준비해 놔요. (선생님 준비물 참고)
- 선생님도 수업 전에 주인공 학생에게 해 주고 싶은 말을 2~3가지 작성해 놔요.

▶ 화이트보드 공유

수업 전에 미리 써 놔도 좋아요.

선생님과 부모님은 널 사랑해♡

- 화이트보드를 공유하고, 주인공 이름을 적어요. "사랑을 전하는 메신저, 오늘의 주인공은 ○○○입니다."
- 부모와 선생님이 준비한 말을 텍스트로 적으면서 읽어 줘요. "사랑하는 ○○○에게 선생님과 부모님이 하고 싶은 말입니다."

▶ 화이트보드 공유/주석

극적인 효과를 위해 주인공 이름은 수업 시간에 써요.

친구들은 널 사랑해♡

- 다른 친구들도 주인공에게 해 주고 싶은 좋은 말(장점, 재능 등)을 화이트보드에 써 줘요.
- 완성한 롤링페이퍼를 캡처하여 주인공에게 전송해 주세요.

▶ 화이트보드 공유/주석

해 주고 싶은 말을 쓸 때 친구의 기분이 상하지 않게 쓰는 방법을 지도해요.

▶ 파일 전송

파일명도 "사랑을 듬뿍 받는 김○○" 등으로 적어서 보내요.

- 학생의 가족이 참여하는 수업으로 학부모의 호응도가 높은 수업이에요.
- 일주일에 두 번 정도 프로젝트로 하면 좋아요. 모든 학생이 주인공이 될 수 있도록 계획해 주세요. 마지막 순서가 된 친구가 서운하지 않도록 주인공 학생은 선생님이 랜덤 뽑기로 정한다고 알려 주세요.
- 친구들이 롤링페이퍼를 쓸 때 시간을 충분히 주고, 성의 없게 쓰거나 기분 나쁜 말을 쓰지 않도록 지도해 주세요.
- 저학년은 주인공 사진을 준비하여 넣어 줘도 좋아요. (단, 학생 동의 받기)
- 아침 활동이나 남는 시간, 학기 말에 해도 좋아요.

8. 존재만으로 아름다운 너!
생일 축하해♡

"네가 태어났을 때, 온 우주를 가진 것만 같았어…."

세상에 하나뿐인 너! 그런 네가 태어난 가장 특별한 날! 특별한 날을 특별한 방법으로 축하해 봐요. 부모님이 보내 주신 메시지와 어릴 적 사진, 반 친구들이 함께 주는 선물과 노래까지…. 자기관리 역량을 기르며, 잊지 못할 소중한 추억을 만들어요.

오늘 생일을 맞이한

○○○○이에게

메세지가 도착했습니다.

주요 기능: 파일 전송, 컴퓨터 소리만 공유　　추천 학년: 1~4학년　　추천 과목: 창체(자율)

1. 줌 zoom 수업 흐름 엿보기

1단계	2단계	3단계
어릴 적 주인공 모습 살펴보기	주인공 추리하기	축하 선물 그리기 및 노래 부르기

2. 줌 zoom 수업 맞이하기

선생님 준비물: 학부모 문자(자녀의 어릴 적 에피소드와 사진, 축하 인사 등), 생일 축하 음원 파일, 생일 축하용 가상 배경 사진 파일

3. 줌 zoom 수업 속으로 들어가기

① 이렇게 귀여운 꼬마친구가 너야?!

- 선생님은 학부모님이 보내 주신 주인공의 어릴 적 이야기를 읽어 줘요. 이때, 주인공 이름은 밝히지 않아요. "주인공 부모님께서 보내 주신 문자입니다. 우리 아이가 태어났을 때 온 우주를 가진 것만 같은 느낌이었어요.…"
- 선생님은 주인공의 어릴 적 모습이 담긴 사진 자료를 공유해요.

▶ **추천 비디오**
선생님을 추천 비디오로 설정하면 다른 학생들이 선생님에게 집중할 수 있어요.

▶ **화면 공유**
주인공 사진을 공유해요.

② 저요! 저요! 누군지 알아요~

- 주인공이 누구인지 아는 학생들은 비공개 채팅으로 선생님에게 정답을 보내요. 이때, 힌트를 줄 수도 있어요. "주인공은 그림을 굉장히 잘 그려요. 그리고 항상 친구들에게 친절해요."
- 주인공을 공개하고, 주인공은 선생님이 보내 준 축하 사진으로 가상 배경을 설정해요.

▶ **비공개 채팅/모두 음소거**
답을 이야기하지 않도록 '모두 음소거'를 한 상태에서 비공개 채팅으로 선생님에게 정답을 보내요.

▶ **파일 전송**
선생님은 생일 축하용 가상 배경 사진을 전송해요.

③ 여기, 생일 축하 선물이야!♡

- 화이트보드를 공유하여 주인공에게 주고 싶은 선물을 그리거나 써 봐요. 다 함께 생일 축하 노래를 부르며 축하해 주고, 선생님은 친구들이 그린 선물 화면을 캡처하여 주인공에게 보내 줘요.

▶ **화이트보드 공유/주석**
주석(펜)으로 너무 크게 그리지 않도록 해요.

▶ **컴퓨터 소리만 공유/파일 전송**
파일명도 '존재만으로 아름다운 너, ○○○ 생일 축하해'로 하면 좋아요.

- 부모님에게 주인공 어릴 적 모습 사진을 받을 때, 사진을 공개해도 되는지 자녀의 동의를 얻도록 해요.
- 주인공에게 줄 선물을 그릴 때, 시간을 충분히 주고, 성의 없거나 기분 나쁜 말을 쓰지 않도록 지도해 주세요. 어떤 의미를 담았는지 생각해 보게 안내해 주세요.
- 아침 시간이나 남는 시간에 하면 좋아요.

9. 구해 줘, 패션!

"과연 의뢰인은 어느 모둠의 패션을 선택할까요?!"

'구해 줘, 패션!' 실과 「의생활」 단원을 이렇게 재미있고 생생하게 배울 수 있다
니! 의뢰인의 고민을 듣고 의뢰인 맞춤 패션을 찾다 보면~ 실과 공부가 저절로!
자기관리 역량도 쑥쑥!

주요 기능: 소회의실   추천 학년: 4~6학년   추천 과목: 실과

1. 줌 zoom 수업 흐름 엿보기

1단계	2단계	3단계
의뢰인의 패션 고민 듣기	모둠별로 패션 준비하기	의뢰인이 선택하기

2. 줌 zoom 수업 맞이하기

선생님 준비물: 가상 의뢰인의 패션 고민 2~3가지

3. 줌 zoom 수업 속으로 들어가기

🌀 구해 줘, 패션!

• 가상 의뢰인의 패션 고민을 들어 봐요. "안녕? 나는 평범한 5학년 여학생이야. 여름에 이곳저곳 많이 돌아다니고, 등산도 조금 해. 내일은 바로 학교에서 소풍 가는 날이지! 사실 내가 요즘 좋아하는 남자애가 생겼거든. 그래서 지금 내 고민은, 내일 뭐 입고 가지? 날 도와줘!"

▶ 추천 비디오

선생님 또는 학생이 의뢰인의 고민을 들려주세요.

🌀 발품 팔아 패션 준비!

• 소회의실에 모둠별로 들어가 의뢰인을 위한 알맞은 옷을 상의해요.
　– 신체 성장, 상황, 장소, 목적, 개성 등
• 역할을 나누어 실제 집에 있는 옷을 가져와요.
　예) 1명: 상의, 1명: 하의, 1명: 모자 등

▶ 소회의실

의뢰인을 위한 알맞은 옷차림을 함께 토의해요.

🌀 과연 의뢰인의 선택은?!

• 메인 세션으로 나와 모둠별로 돌아가면서 의뢰인을 위한 패션을 발표해요. 옷을 고른 이유도 함께 말해요.
• 모든 학생이 의뢰인 대행이 되어 가장 알맞은 옷을 발표한 모둠을 뽑아요.

▶ 추천 비디오

발표하는 학생과 가져온 옷을 크게 봐요.

▶ 갤러리 보기

자기 모둠을 제외하고 투표해요.

4. 이렇게 활용할 수 있어요

• 나의 의복 관리 및 의생활 점검과 관련지어 '구해 줘, 옷장!'으로 주제를 변경할 수도 있어요.

• 실과 교과 「의생활」 단원 학습을 할 때, 실제 집에 있는 옷을 활용하여 공부할 수 있어요.
• 옷을 고른 이유를 발표할 때 바람직한 의생활과 의뢰인의 상황을 관련지어 말해요.
　예) 더운 날씨에 여기저기 불편하지 않게 돌아다니려면 반바지를 입어야 해요. 그렇지만 너무 짧은 반바지는 등산할 때 좋지 않아요.

10. 방학 브이로그

"친구들은 방학 때 뭐 하고 있을까?"

방학 일기를 연필로만 쓰나? 이젠 카메라로 일기 쓰는 시대! 평범한 시간도, 특별한 사건도 전부 OK! 나만의 구도와 연출로 촬영 버튼을 누르는 순간, 이 세상 하나뿐인 방학 브이로그가 만들어져요. 생생한 경험과 개성 있는 감상을 공유하며 자기관리 역량을 길러요.

주요 기능: 화면 공유   추천 학년: 4~6학년   추천 과목: 창체(자율)

1. 줌 zoom 수업 흐름 엿보기

1단계

〈과제 연계〉 각자
방학 브이로그
찍기

2단계

방학 브이로그
발표회

2. 줌 zoom 수업 맞이하기

선생님 준비물: 브이로그 예시 영상 1~2개(Youtube 등)

3. 줌 zoom 수업 속으로 들어가기

〈과제 연계〉 나의 방학 브이로그!

- 선생님은 '일상 브이로그' 한 편을 공유하여 학생들과 함께 봐요. "브이로그는 자신의 일상을 동영상으로 촬영한 영상 콘텐츠를 말해요."
- 방학 과제로 '방학 일상 브이로그'를 안내해요. "방학 중 나만의 일상을 브이로그 영상으로 찍어 보세요. 영상 일기라고 할 수 있어요. 평범하고 소소한 순간도 좋고, 특별하고 색다른 순간도 좋아요."
- 학생들은 방학을 보내면서 각자 브이로그 영상을 찍어요. 예) 가족 여행 브이로그, 집콕 놀이 브이로그 등

▶ 화면 공유

준비한 영상을 공유해요.

▶ 추천 비디오

선생님을 추천 비디오로 설정하면 다른 학생들이 선생님에게 집중할 수 있어요.

방학 브이로그 발표회

- 방학을 마치고, 학생들이 제출한 브이로그 영상 파일을 함께 보면서 감상해요.

▶ 화면 공유

학생들이 동영상 파일을 직접 공유하거나 미리 온라인 학급 소통방에 올리게 하여 선생님이 공유해도 좋아요.

4. 이렇게 활용할 수 있어요

- 브이로그의 주제를 다른 주제로 확장할 수도 있어요.
  예) 식물의 한살이, 날씨 변화 등

- 브이로그 영상을 찍을 때 유의 사항을 미리 안내해요.
  예) 주위 사람들의 초상권 침해하지 않기(모자이크 처리 등), 위험한 장소에서 찍지 않기 등
- 여행 같은 특별한 순간뿐 아니라 소소한 일상을 담아도 좋다고 알려 줘요.
  예) 집에서 반려동물과 노는 일상, 부모님과 집안일을 함께 하는 일상 등
- 일기를 잘 쓰려면 사실과 의견(느낌, 생각)이 골고루 들어가야 하는 것처럼, 재미있는 브이로그를 만들려면 주인공의 감상과 해설이 적절히 들어가야 한다고 설명해요.

11. 내 인생 마지막 날에…

"그날, 우리는 어떤 생각을 하고 있을까요?"

인생의 마지막 순간, 어떻게 하면 후회 없이 삶을 마무리할 수 있을까요? 무겁고 어려운 질문이지만, 한 번쯤은 진지하게 고민해 봐요. 내 마지막 날을 떠올리면, 매일의 평범한 일상이 소중하고 특별하게 느껴질 거예요! 세상에 남기는 마지막 메시지를 준비하며 자기관리 역량을 길러요.

내 인생 마지막 날에…

마지막 순간에 누가 내 옆에 있을까요?

살면서 가장 잘한 일은 무엇인가요?

살면서 가장 후회하는 일은 무엇인가요?

주요 기능: 기록   추천 학년: 4~6학년   추천 과목: 도덕

1. 줌 zoom 수업 흐름 엿보기

1단계	2단계	3단계
인생의 마지막 날에 대해 생각해 보기	내 인생 마지막 날에 남기고 싶은 말 쓰기	내 인생 마지막 유언 영상 촬영하기

2. 줌 zoom 수업 맞이하기

학생 준비물: 공책

선생님 준비물: 잔잔한 배경 음악, 학생들이 대기하는 동안 해야 할 과제(수학 문제, 미술 활동 등)

3. 줌 zoom 수업 속으로 들어가기

🌐 인생의 마지막 날이란?

• 학생들과 인생의 마지막 날에 대해 생각해 봐요.
"인생의 마지막 순간이 언제 올지, 누구도 알 수 없습니다. 눈을 감고 나의 마지막 순간을 상상해 봅시다. 타임머신을 타고 미래로 가서 내 인생의 마지막 날에 도착합니다."

▶ 갤러리 보기

진지하게 수업에 임할 수 있도록 분위기를 조성해요.

🌐 내 인생 마지막 순간!

• 내 인생 마지막 날에 세상과 주위 사람들에게 남기고 싶은 말을 공책에 써요.
– 마지막 순간에 누가 내 옆에 있을까요?/살면서 가장 잘한 일은?/살면서 가장 후회하는 일은?/세상과 주위 사람들에게 마지막으로 남기고 싶은 말은?

▶ 컴퓨터 소리만 공유

잔잔한 배경 음악을 공유해서 차분한 분위기를 만들어요.

그날을 떠올리며…

• 모든 학생을 소회의실 1개에 배정하고, 순서대로 1명씩 메인 세션에 나와요. 내 인생의 마지막 날에 세상에 남기고 싶은 메시지를 촬영해요. 나머지 학생들은 소회의실에서 연습하거나 다른 과제를 하고 있어요.

• 촬영을 마치고, 함께 영상을 감상하거나 학생들에게 영상 파일을 줘서 간직하도록 해요.

▶ 소회의실/브로드캐스트

선생님이 브로드캐스트로 메인 세션으로 나와야 할 학생들을 알려 줘요.

▶ 기록/컴퓨터 소리만 공유

선생님이 기록으로 영상을 녹화해요. 잔잔한 배경 음악을 공유하여 차분한 촬영 분위기를 만들어요.

ZOOM ▶ 꿀팁

• 한 명 촬영이 끝나면 기록 '일시 중지'를 눌러서, 영상이 이어지도록 해요.
• 학생들은 소회의실에서 기다리는 동안 인생 마지막 날의 분위기에 어울리는 가상 배경을 찾아서 설정해도 좋아요.
• 학생들이 일상의 소중함과 삶의 의미를 생각할 수 있도록 이야기해요. 인생 마지막 순간에 후회 없이 편안하게 삶을 마무리할 수 있도록 최선을 다해 살 것을 다짐해요.

12. 주인공은 나야 나!

"지금은 내가 주인공! 내가 좋아하는 것을 함께 해 볼래?"

종이접기 좋아하는 친구, 롤러스케이트 잘 타는 친구, 동화책 재미있게 읽어 줄 수 있는 친구! 모두 모두 모여라! 주인공이 되어 재능과 꿈을 뽐내면서 자기관리 역량을 키워 보아요.

주요 기능: 추천 비디오, 가상 배경   추천 학년: 3~6학년   추천 과목: 창체(진로)

1. 줌 zoom 수업 흐름 엿보기

1단계	2단계	3단계
주인공 프로젝트 계획하기	〈과제 연계〉 주인공 학생 발표하기	질문과 답변 및 소감 나누기

2. 줌 zoom 수업 맞이하기

선생님 준비물: 프로젝트명을 넣은 가상 배경용 사진. 예) 주인공은 나야 나! 등
사전 과제: 내가 제일 잘하는 것 또는 제일 좋아하는 것 생각해 오기. 예) 큐브, 피아노, 태권도, 만화 표정 그리기, 영어 노래 부르기, 이야기 만들기, 반려동물 돌보기, 레고 만들기, 쿠키 만들기 등

3. 줌 zoom 수업 속으로 들어가기

⓵ 주인공 프로젝트를 계획해 볼까?

• 학생들이 사전 과제로 생각해 온 자신의 끼를 이야기해요. 선생님은 화이트보드를 공유하여 우리 반 학생들의 끼 목록을 쓰고, 함께 프로젝트 일정을 정해요.
예) 일주일에 2명씩 아침 시간 10~15분, 10월 1주는 김○○, 이○○ 등

▶ **화이트보드 공유/주석**
목록과 일정을 쓰면서 함께 봐요.

⓶ 〈과제 연계〉 자신감 뿜뿜! 내 끼를 펼쳐라

• 학생들은 발표 일정에 따라 친구들에게 보여 줄 자신의 끼를 준비해요.
• 발표하는 날이 되면, 주인공 학생은 선생님이 채팅으로 보내 준 사진을 가상 배경으로 설정하고, 5~8분 정도 발표해요. 단, 직접 보여 주기 어려운 주제(롤러스케이트, 요리 영상 등)인 경우, 동영상을 미리 찍어서 화면 공유로 보여 줘요.

▶ **파일 전송/가상 배경**
'주인공은 나야 나!' 등을 넣은 사진을 가상 배경으로 하면 주인공이 더 빛나요.

▶ **추천 비디오**
주인공을 추천 비디오로 설정하면 다른 학생들이 발표에 집중할 수 있어요.

⓷ 끼리끼리~ 즐거운 우리들의 끼

• 학생들은 주인공에게 궁금한 것을 질문해요.
"큐브를 잘하려면 중요한 게 뭐야?"
"롤러스케이트를 언제 처음 시작했어?"
• 학생들은 주인공에게 칭찬의 말을 전하고, 주인공은 소감을 이야기하며 마무리해요.

▶ **갤러리 보기**
전체 학생들을 함께 보며 이야기를 주고받아요.

▶ **추천 비디오**
주인공의 소감을 들어 봐요.

zoom ▶ 꿀팁

• 아침 시간에 10~15분 정도 하면 좋아요. 흥미나 집중도가 떨어지지 않게 하려면 일주일에 2명 정도가 적당해요.
• 혼자서 발표하는 것에 부담을 느끼는 학생들은 둘이서 함께 준비해도 좋아요.
예) 리코더 부는 친구와 노래 부르는 친구
• 발표 예정 학생에게 일주일 전쯤 다시 일정을 공지해 주세요.

난이도 ★ ★ ★ 소요 시간 40~50분

13. 타임캡슐 저장!

"안녕? 너는 이 영상을 내년 2월에 보고 있겠지?"

미래에 보내는 편지를 종이에 써서, 땅에 깊숙이 묻던 시절은 안녕! 영상으로 생생하게 전하는, 일 년 뒤 나에게 보내는 편지! 과연 내년에 이 영상을 보면 나는 무슨 생각을 하고 있을까? 두근두근 설레는 마음으로 타임캡슐 영상을 만들면서, 자기관리 역량을 길러요.

주요 기능: 기록, 참가자 숨기기   추천 학년: 4~6학년   추천 과목: 도덕, 창체(자율)

1. 줌 zoom 수업 흐름 엿보기

1단계	2단계	3단계
일 년 뒤 나에게 보낼 메시지 쓰기	타임캡슐 영상 촬영하기	소감 나누기

2. 줌 zoom 수업 맞이하기

사전 과제: 〈프로듀스 101〉 '100일 뒤 나에게 쓰는 편지' 읽는 영상(약 5분)을 미리 보고 와요.

학생 준비물: 미니 화이트보드(또는 종이), 보드마커

선생님 준비물: 학생들이 대기하는 동안 해야 할 과제(수학 문제, 미술 활동 등)

3. 줌 zoom 수업 속으로 들어가기

🎬 일 년 뒤 우리는?!

• 학기 초, 일 년 뒤 나에게 어떤 메시지를 보내면 좋을지 생각하고, 생각한 메시지를 미니 화이트보드에 써요.

🎬 미래의 나에게, 안녕?

• 모든 학생을 소회의실 1개에 배정하고, 번호 순서대로 2~3명만 메인 세션으로 나와요. 나머지 학생들은 소회의실에서 다른 과제를 하고 있어요.

• 순서대로 1명씩 미래의 나에게 보내는 메시지를 촬영해요. (1인당 1~2분)
예) 새 학년이 된 지금의 기분, 올해 꼭 이루고 싶은 다짐이나 소원, 내년의 나에게 하고 싶은 말 등

• 촬영을 마친 학생들은 다시 소회의실에 들어가서 다른 과제를 해결하며 기다려요.

🎬 그날을 기다리며…

• 촬영을 마치고 타임캡슐 활동에 대한 소감을 나눠요.

• 학년을 마치는 마지막 날, 함께 타임캡슐 영상을 봐요.

▶ 갤러리 보기

함께 이야기를 나눠요.

▶ 소회의실/브로드캐스트

선생님은 '브로드캐스트' 기능으로 메인 세션에 나와야 할 학생들을 알려줘요.

▶ 참가자 숨기기/기록

한 명씩 자기 차례에 비디오를 켜요. 비디오를 켜지 않은 학생들은 참가자 숨기기 기능 때문에 화면에 보이지 않아요. 선생님이 '기록'을 눌러 영상을 녹화해요.

▶ 추천 비디오

발표 학생을 추천 비디오로 설정하면 다른 학생들이 발표에 집중할 수 있어요.

zoom ▶ 꿀팁

• 선생님은 기록할 때 '일시 중지' 기능을 활용하여 영상이 이어지게 녹화해요.

• 학생들은 소회의실에서 미래의 나에게 보내는 메시지 관련 '가상 배경' 사진을 준비하고 있어도 좋아요.

• 마지막에 반 학생들 전체가 미리 정한 구호(급훈 등)를 외치면서 영상을 마무리할 수 있어요.

• 학년을 마치고, 학생들에게 영상 파일을 나눠주어 오래 간직하도록 해요.

14. 부모님께 보내는 영상 편지

"엄마가 이런 편지는 처음이라고 하셨어요!"

종이 편지보다 생생하고 입체적인 영상 편지! 평소 부모님께 미안하고 고마운 마음을 영상 편지로 함께 전해 봐요. 쑥스러운 표정, 떨리는 목소리에 전해지는 감동이 두 배! 한 번 받은 편지는 두고두고 열어서 볼 수 있어요. 특별한 날, 특별한 마음을 전하면서 자기관리 역량을 길러요.

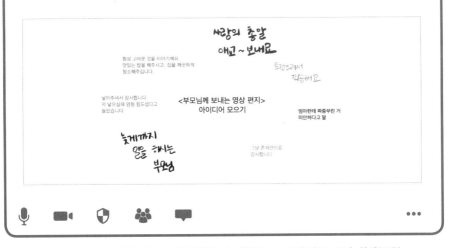

주요 기능: 기록, 화면 공유　　　추천 학년: 4~6학년　　　추천 과목: 도덕, 창체(자율)

1. 줌 zoom 수업 흐름 엿보기

1단계	2단계	3단계
영상 편지 내용 구상하기	영상 편지 촬영하기	〈과제 연계〉 부모님 소감 들어보기

2. 줌 zoom 수업 맞이하기

선생님 준비물: 부모님 관련 감동적인 영상 자료, 학생들이 대기하는 동안 해야 할 과제(수학 문제, 미술 활동 등). 예) 지오디의 〈어머님께〉, 디아크 〈빛〉 뮤직비디오, 부모님께 쓴 영상 편지(Youtube 등)

3. 줌 zoom 수업 속으로 들어가기

내 마음을 어떻게 담을까?

• 부모님께 쓴 영상 편지 또는 부모님 관련 뮤직비디오를 감상해요. (선생님 준비물 참고) "다른 학교 학생들이 부모님께 쓴 영상 편지를 함께 봅시다."

▶ 화면 공유
미리 준비한 영상 자료를 화면 공유로 함께 감상해요.

• 선생님은 화이트보드를 공유해요. 학생들은 부모 또는 조부모님께 보낼 영상 편지 내용 아이디어를 자유롭게 써 봐요. "영상 편지에 어떤 내용이 들어가면 좋을까요? 짧은 문장이나 단어로 써도 좋아요."

▶ 화이트보드 공유/주석
학생들은 텍스트 기능을 활용하여 아이디어를 써요.

• 학생들의 아이디어를 바탕으로 대본을 함께 완성해요. 모든 학생이 한마디씩 할 수 있도록 내용을 짜요.

▶ 화면 공유
대본을 함께 공유하여 수정해요.

영상편지에 마음을 담아서~!

• 모든 학생을 소회의실 1개에 배정해요. 대본 순서대로 메인 세션으로 나와 1명씩 영상 편지를 촬영해요. 나머지 학생들은 소회의실에서 연습하거나 다른 과제를 하고 있어요. 촬영을 마친 학생들은 다시 소회의실에 들어가서 다음 친구를 불러요.

▶ 기록
선생님은 메인 세션에서 기록을 진행해요.

〈과제 연계〉 부모님의 소감을 들어볼게요!

• 영상 편지가 완성되면 유튜브나 학급 소통방에 올려요. 부모님의 소감을 들어 보고, 다음날 함께 이야기 나눠요. "부모님께서 우리 반 친구들의 마음이 너무 예쁘다고 말씀하셨어요. 이런 이벤트는 처음이라고 하셨어요."

▶ 추천 비디오
발표 학생을 추천 비디오로 설정하면 다른 학생들이 발표에 집중할 수 있어요.

zoom ▶ 꿀팁
• 어버이날 이벤트로 활용할 수 있어요.
• 선생님은 기록할 때 '일시 중지' 기능을 활용하여 영상이 이어지게 녹화해요.
• '기록' 기능으로 촬영한 영상 편지는 추가 편집 없이 영상이 완성되기 때문에 곧바로 올릴 수 있어요.

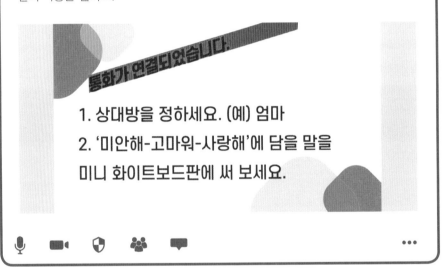

15. 통화가 연결되었습니다!

"아빠, 내가 그동안 하지 못한 말이 있는데…."

평소에 쑥스러워서 전하지 못한 마음이 있나요? 친구들의 응원을 받으며 용기 내 봐요! 사랑하는 사람에게 메시지를 전하고 친구들과 함께 감동을 나누면서, 자기 관리 역량을 길러요.

주요 기능: 모두 음소거, 추천 비디오   추천 학년: 5~6학년   추천 과목: 도덕, 국어

1. 줌 zoom 수업 흐름 엿보기

1단계	2단계	3단계
소중한 사람 생각해 보기	"미안해 고마워 사랑해" 통화로 마음 전하기	소감 나누기 및 도전 이어가기

2. 줌 zoom 수업 맞이하기

학생 준비물: 전화기(휴대폰 등), 미니 화이트보드(또는 종이), 보드마커

3. 줌 zoom 수업 속으로 들어가기

🌀 사랑한다는 말을 해 본 적이 있나요?

- 고마움과 사랑을 전하고 싶은 사람이 있는지 이야기해 봐요.
- 상대방을 정하고, '미안해-고마워-사랑해'에 담을 말을 미니 화이트보드에 써 봐요.

↷ 🌀 통화가 연결되었습니다 ♡

- 고마움과 사랑을 전하고 싶은 사람을 정하여 전화해요. 이때, 전화 '스피커'를 눌러 다른 학생들에게 상대방의 목소리도 들릴 수 있도록 해요.
- 세 가지 말 "~해서 미안했어. ~해서 고마워. 사랑해." 를 해요.
- 수업 시간이라는 것을 밝히고 통화를 마쳐요.

🌀 박수박수~! 정말 대단한 용기야!

- 도전하는 학생에게 다른 학생들은 크게 박수 쳐 주고, 보면서 감동적이거나 좋았던 점을 함께 이야기해요.
- 다른 학생들의 도전도 함께 보며 감동을 나눠요.

▶ 갤러리 보기

전체 학생들과 함께 이야기해요.

▶ 모두 음소거

통화하는 학생을 제외한 다른 학생들의 목소리가 들리지 않게 해요.

▶ 추천 비디오

발표 학생을 추천 비디오로 설정하면 다른 학생들이 발표에 집중할 수 있어요.

▶ 갤러리 보기
▶ 추천 비디오

발표 학생을 추천 비디오로 설정하면 다른 학생들이 발표에 집중할 수 있어요.

- 집에 상대방이 있다면, 화면에는 학생만 보이도록 옆으로 모시고 와요.
- 통화가 연결되지 않는 학생들, 스마트폰으로 줌 수업에 접속하는 학생들은 통화 대신 영상 편지를 써요. 선생님은 '기록' 기능을 이용해 영상 편지를 보내는 학생의 모습을 녹화해서 줄 수 있어요.
- 통화로 상대방에게 자유롭게 말을 해도 좋지만, 쑥스러워하거나 어려워할 수 있으니 3단계(미안해-고마워-사랑해)를 제시하도록 해요.
- 부모님뿐만 아니라 친구, 할아버지 등 고마운 사람이라면 모두 가능해요. 어버이날에 함께 도전해도 좋아요.

16. 수학 접속 시간! ○시 ○분

"오늘은 기초방에 접속! 다음엔 심화방에도 들어가 볼까? 아니면 청강부터?"

수학이 너무 어려워서 힘들다고요? 아니면 너무 쉬워서 시시하다고요? 수학 접속 시간에서라면 그런 고민은 NO! 내가 원하는 활동과 난이도에 맞춰 골라 접속하는 재미! 비디오를 끈다면 청강도 OK! 소그룹으로 맞춤 수학 공부하며 자기관리 역량을 길러요.

주요 기능: 참가자 숨기기   추천 학년: 4~6학년   추천 과목: 수학

1. 줌 zoom 수업 흐름 엿보기

1단계	2단계	3단계
수학 기본 개념 설명하기	기초방, 심화방, 토론방 중 선택하기	접속 시간을 달리하여 공부하기

2. 줌 zoom 수업 맞이하기

학생 준비물: 공책

3. 줌 zoom 수업 속으로 들어가기

▥ 기본은 모두 함께!

• 선생님은 수학 기본 개념을 설명하고, 모든 학생이 함께 배워요. "오늘은 세 자리 수의 덧셈을 배워 봅시다."

▥ 세 개의 방으로 접속해!

• 학생들은 기초방, 심화방, 토론방 중 원하는 방에 손을 들어요.
 –기초방: 바로 접속하여 선생님의 개념 설명 듣기
 –심화방: 익힘책을 풀고 20분 후에 접속, 문제 함께 풀기
 –토론방: 익힘책을 풀고 각자 문제 2~3가지를 만들어 40분 후에 접속

▥ 온라인에서 청강 수업을?!

• 학생들은 자기가 선택한 방 접속 시간에 맞춰 들어오고, 선생님은 수업 방식을 다르게 해요. 예) 11시 기초방, 11시 20분 심화방, 11시 40분 토론방
 –기초방: 기본 개념부터 차근차근 다시 설명해 줘요.
 –심화방: 학생들이 익힘책 문제를 푸는 방법을 발표하며 공부해요.
 –토론방: 학생들이 자기가 만든 문제를 서로 풀며 공부해요.

▶ 추천 비디오

선생님을 추천 비디오로 설정하면 다른 학생들이 선생님에게 집중할 수 있어요.

▶ 갤러리 보기

누가 어떤 방을 원하는지 전체 학생을 볼 수 있어요.

▶ 추천 비디오

발표 학생을 추천 비디오로 설정하면 다른 학생들이 발표에 집중할 수 있어요.

▶ 참가자 숨기기

자기 방이 끝났지만, 더 공부하고 싶은 학생들은 참가자 숨기기를 눌러 청강을 해요. (꿀팁 참고)

• 소규모 지도가 필요한 수학 수업에서 활용할 수 있는 방법이에요. 방의 수준을 나누지 않고, 인원만 나누어 진행해도 효과가 좋아요.
• 선생님이 수준을 나누지 말고, 학생들이 각자 희망하는 방에 들어오도록 해요. 접속 시간은 선생님이 조정할 수 있어요. (15분 단위, 20분 단위 등)
• 청강을 할 수 있어요. 자기 방 수업이 끝났지만, 공부를 더 하고 싶은 학생들은 다른 방 수업을 계속 들어도 좋아요. 이때, 이전 방에 참가한 학생들은 '참가자 숨기기'를 눌러 청강만 가능해요. 그래야 원래 방 학생들을 소규모로 지도할 수 있어요.

Chapter 2

줌zoom 수업에서
지식정보처리 역량을 길러 '줌'

1. 내겐 너무 가벼운 사전

"아직도 종이 사전 보니?
우린 인터넷 사전으로 공부한다!"

무겁고 어려운 종이 사전은 가라! 디지털 시대에 인터넷 사전 쓸 줄 모르면 안 되지~! 온라인 수업으로 편리하게 인터넷 사전을 이용해요. 낱말의 뜻도 정확하게 알고! 인터넷 사전 이용하는 방법도 익히고! 지식정보처리 역량까지 쑥쑥!

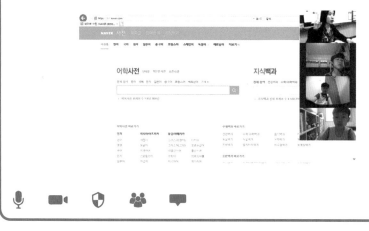

주요 기능: 화면 공유, 채팅   추천 학년: 3~6학년   추천 과목: 국어

1. 줌 zoom 수업 흐름 엿보기

1단계	2단계	3단계
인터넷 사전 이용 방법 알기	이야기 속 낱말 뜻 검색하기	낱말 백일장 놀이하기

2. 줌 zoom 수업 맞이하기

학생 준비물: 공책

3. 줌 zoom 수업 속으로 들어가기

ⓐ 선생님이 애용하는 인터넷 사전♡

• 선생님이 인터넷 사전으로 낱말의 뜻을 찾는 방법을 보여 줘요. 낱말의 뜻 이외에도 유의어, 반의어, 예문 등 인터넷 사전에서 알려 주는 정보를 함께 살펴봐요.

ⓑ 인터넷 사전이 이렇게 편리하다니!

• 교과서 지문을 함께 읽고, 뜻이 어려운 낱말을 각자 3~4가지 찾아 인터넷 사전으로 검색해 봐요.

ⓒ 낱말 백일장, 장원은 누구?

• 선생님은 낱말 하나를 제시해요. 학생들은 낱말의 뜻을 인터넷 사전으로 찾아보고, 문장을 만들어 채팅창에 올려요.

예) 난색 → 내가 동생에게 "난 아무리 봐도 너무 잘생겼어"라고 하니까, 동생이 '난색'을 했다.

• 낱말 뜻을 잘 살리고 재미있게 문장을 만든 친구를 칭찬해 줘요.

▶ 화면 공유

인터넷 국어사전에 들어가는 방법과 낱말을 검색해서 뜻, 유의어, 반의어, 예문 등을 찾는 방법을 직접 보여 줘요.

▶ 갤러리 보기

▶ 채팅

낱말을 넣어서 지은 문장을 채팅창에 올려 다 같이 봐요.

4. 이렇게 활용할 수 있어요

• 사전이 필요한 국어 교과 단원에서 활용할 수 있어요.

• 낱말을 검색하면 한 낱말에 여러 가지 뜻이 나와요. 이야기 안에서 어떤 뜻으로 쓰였는지 찾도록 안내해 주세요. 또한, 유의어, 반의어, 예문도 살펴보게 해요.

• 학생들이 낱말의 뜻을 안다고 하지만, 막상 설명하지 못하거나 엉뚱하게 알고 있을 수도 있어요. 뜻을 다 알아서 찾을 필요가 없다고 하는 학생에게 정확한 뜻을 물어보는 것도 좋아요.

2. 다른 화면 찾기

"어? 아까는 가르마가 왼쪽이었는데, 지금은 오른쪽이에요!"

나 뭐 달라진 거 없어? 두 눈 크게 뜨고, 화면 곳곳을 살펴요! 미세한 차이를 느꼈다면 그것이 정답! 같은 듯 다른 술래의 모습을 비교하면서 집중력과 관찰력을 길러요. 시간 가는 줄 모르고 답을 찾다 보면, 어느새 지식정보처리 역량도 UP!

주요 기능: 추천 비디오, 비디오 중지   추천 학년: 1~4학년   추천 과목: 창체(자율)

1. 줌 zoom 수업 흐름 엿보기

1단계	2단계
다른 그림 찾기 연습하기	친구의 달라진 모습 찾기

2. 줌 zoom 수업 맞이하기

학생 준비물: 미니 화이트보드(또는 종이), 보드마커
선생님 준비물: 다른 그림 찾기 문제 2~3개(인터넷 검색)

3. 줌 zoom 수업 속으로 들어가기

① 몸풀기로 다른 그림 찾기

학생들과 함께 다른 그림 찾기 문제를 2~3개 풀어 봐요. (선생님 준비물 참고)

② 다른 화면 찾기

〈놀이 방법〉

1. 술래 한 명을 뽑아요.
2. 다른 학생들은 술래의 모습을 1분간 자세히 관찰해요.
3. 술래는 1분간 비디오를 끄고, 화면에 보이는 신체와 배경에서 3곳을 변화시켜요. 이때, 확실하게 알아차릴 수 있는 곳을 변화시켜야 해요.
   예) 겉옷 바꿔 입기, 머리핀 빼기, 안경 벗기 등
4. 술래가 비디오를 켜면, 학생들은 바뀐 부분 3가지를 찾아 미니 화이트보드에 적어요.
5. '하나, 둘, 셋'을 외치면 화이트보드를 들고, 술래는 정답을 말해요. 학생들은 맞힌 개수대로 점수를 얻어요.

▶ 화면 공유

준비한 다른 그림 찾기 문제를 화면 공유해요.

▶ 추천 비디오

술래를 추천 비디오로 설정하면 다른 학생들이 술래만 고정하여 크게 볼 수 있어요.

▶ 비디오 중지/비디오 시작

술래는 비디오를 중지하고 모습을 변화시켜요. 다른 학생들은 이야기를 나누며 바뀔 부분을 예상해 봐요.

---

zoom ▶ 꿀팁
- 놀이를 몇 번 해 본 후, 소회의실에서 모둠별로 진행하면 많은 학생이 술래가 될 수 있어요.
- 아침 활동이나 남는 시간에 활용하면 좋아요.

3. 중심지에 가면~ 무엇이 있나~

"백화점도 있고~ 은행도 있고~ 쇼핑몰도 있고~♬"

사람들이 많이 모이는 곳에는 무엇이 있을까? 교실에서 했던 룰렛 돌림판과 빙고 놀이를 온라인에서도 할 수 있다고? 친구들과 중심지에 대해 쉽고 재미있게 배우면서 지식정보처리 역량을 길러 봐요.

주요 기능: 추천 비디오, 화면 공유 　　추천 학년: 4~6학년 　　추천 과목: 사회

1. 줌 zoom 수업 흐름 엿보기

1단계	2단계	3단계
중심지 의미 알기	중심지 의미 알기	중심지 룰렛 빙고 놀이

2. 줌 zoom 수업 맞이하기

선생님 준비물: 룰렛판, 중심지 관련 사진과 동영상
학생 준비물: 빙고판(또는 종이), 공책

3. 줌 zoom 수업 속으로 들어가기

중심지가 뭐지?
• 선생님은 미리 준비한 중심지 사진과 동영상을 보여 주고, 학생들은 공책에 중심지의 공통점, 의미 등을 정리하며 공부해요.
• 선생님은 중요 개념을 화이트보드 기능으로 정리할 수 있어요.

▶ **화면 공유**
중심지 사진과 동영상을 보여 줘요.

▶ **화이트보드 공유**
화이트보드로 판서할 수 있어요.

중심지에 가면~
• 중심지에 가면 볼 수 있는 여러 가지 시설에 대해 이야기 나눠요.
• 선생님은 이야기 나온 시설을 하나씩 룰렛판에 적고, 학생들은 자기 빙고판에 적어요.
예) 역, 경찰서, 은행, 백화점, 쇼핑몰, 음식점 등

▶ **추천 비디오**
선생님을 추천 비디오로 하여 룰렛이 돌아가는 모습을 생생하게 볼 수 있어요.

돌려라! 룰렛 빙고
• 룰렛판을 돌리고 만약 '은행'에서 멈추면 학생들은 빙고판에 '은행'을 체크하며 빙고 놀이를 해요. 제일 먼저 세 줄이 완성되면 '빙고'를 외쳐요.

▶ **갤러리 보기**
학생들은 빙고가 완성되면 화면에 보여 줘요.

zoom ▶ 꿀팁
• 실물 교구인 빙고판과 룰렛판을 활용하면 온라인 수업에서도 훨씬 더 재미있게 참여할 수 있어요.
• 교실 수업에서는 작아서 잘 보이지 않는 룰렛이 줌에서는 카메라 화면을 통해 크고 생생하게 보여요.

난이도 ★   소요 시간 30~40분

4. 우린 너무 달라! 반의어 찾기

"물과 불이 반의어가 아니었단 말이야?!"

반의어를 제대로 배워 보자! 당연히 서로 반대일 줄 알았던 두 낱말이 사실은 아니었다고? 이 낱말에 이런 반의어가 있었단 말이야? 인터넷 사전으로 쉽고 재미있게 낱말 관계를 알아보면서 지식정보처리 역량을 길러요.

주요 기능: 화면 공유, 주석   추천 학년: 4~6학년   추천 과목: 국어

1. 줌 zoom 수업 흐름 엿보기

1단계	2단계	3단계
뜻이 반대인 낱말 관계 알아보기	인터넷 사전으로 반의어 찾기	반의어 찾기 놀이

2. 줌 zoom 수업 맞이하기

선생님 준비물: 반의어 관계 낱말 문제 6~7개. 예) 조상 ↔ ? / 거짓 ↔ ? / 웃다 ↔ ? / 먹다 ↔ ?

3. 줌 zoom 수업 속으로 들어가기

① 우린 달라도 너무 달라!

• 뜻이 반대인 낱말 관계(반의어)를 알아봐요.
  예) 가다 ↔ 오다, 있다 ↔ 없다, 사다 ↔ 팔다 등
• 선생님은 화이트보드를 공유하고, 학생들은 자기가 알고 있는 반의어 짝을 최대한 많이 써 봐요.

▶ 화면 공유

준비한 자료로 뜻이 반대인 낱말 관계를 설명해 줘요.

▶ 화이트보드 공유/주석

주석은 많은 학생이 쓸 수 있도록 '펜'이 아닌 '텍스트'로 써요. 텍스트 크기도 조절해요.

② 사전으로 확인 들어갑니다!

• 학생들이 쓴 반의어를 살펴보고, 두 낱말이 반의어가 맞는지 인터넷 사전으로 함께 확인해요. "물과 불이 서로 반의어라고 생각하는구나! 정말인지 사전으로 확인해 볼까?"
• 선생님이 인터넷 사전으로 반의어를 찾는 방법을 시범 보여요.

▶ 화면 공유

선생님은 인터넷 국어사전 접속, 낱말 검색, 반의어 찾기 방법을 직접 보여 줘요.

③ 반의어 사냥 놀이!

• 선생님은 낱말 여러 개를 제시하고, 학생들은 반의어를 정해진 시간 동안 인터넷 사전으로 찾아요. (선생님 준비물 참고)
• 정답을 확인해 보고, 몇 개나 찾았는지 각자 세어 봐요.

▶ 화면 공유

학생들이 찾아야 할 낱말 문제를 보여 줘요.

4. 이렇게 활용할 수 있어요

• 인터넷 사전이 필요한 국어 교과 차시에서 활용할 수 있어요. 유의어, 낱말 포함 관계 등으로 주제를 변경할 수 있어요.

• 한 낱말에 반의어가 여러 개일 수도 있어요. 낱말들의 다양한 관계를 찾아보면 좋아요.
• 반의어를 찾을 때 인터넷으로 정리된 자료(블로그 등)를 찾아보지 않도록 약속해요.

5. 우리말 겨루기

"우리말을 제일 사랑하는 사람은 나야!"

우리말을 얼마나 알고 있니? TV 프로그램 〈우리말 겨루기〉가 온라인 수업에 왔다! 1라운드, 2라운드, 3라운드를 거치다 보면 나도 모르게 쑥쑥 자라나는 우리말 실력! 과연 우리 반 우리말 우승 모둠은?! 재미있게 우리말을 배우며, 지식정보처리 역량을 길러요.

주요 기능: 화면 공유, 참가자 숨기기   추천 학년: 4~6학년   추천 과목: 국어

1. 줌 zoom 수업 흐름 엿보기

1단계	2단계	3단계
낱말 퀴즈	띄어쓰기 퀴즈	맞춤법 퀴즈

2. 줌 zoom 수업 맞이하기

선생님 준비물: 우리말 관련 퀴즈 문제와 답(《우리말 겨루기》 TV 프로그램 참고)

학생 준비물: 미니 화이트보드(또는 종이), 보드마커

3. 줌 zoom 수업 속으로 들어가기

① 1단계는 낱말 퀴즈!

• 모둠별로 순서를 정해서, 돌아가면서 퀴즈에 도전해요. "각 모둠의 1번 학생만 비디오를 켜 주세요. 1번 학생만 퀴즈에 도전합니다."

  예) 초성 및 힌트를 보고, 낱말을 맞히시오.

  초성: ○○ / 힌트: 훌륭한 사람 → 정답: 위인

• 대표 학생들은 미니 화이트보드에 정답을 쓰고 보여 줘요. 선생님은 정답을 발표하고, 모둠별 점수를 기록 해요.

▶ 이름 바꾸기

모둠에서 정한 순서로 알아보기 쉽게 이름을 바꿔요. 예) 2모둠 1번 김○○

▶ 비디오 중지/참가자 숨기기

모둠 대표로 퀴즈에 도전하는 학생들만 화면에 보이게 해요. 발표하지 않는 학생들은 비디오 중지를 해요.

▶ 화면 공유

퀴즈 문제를 화면 공유해요.

② 2단계는 띄어쓰기 퀴즈!

• 각 모둠의 다른 학생들이 도전해요.

  예) 아래 문장을 알맞게 띄어 쓰시오.

  문장: 제아무리바빠도엄마심부름도하지못한다는게말 이되니? → 정답: 제아무리 바빠도 엄마 심부름도 하지 못한다는 게 말이 되니?

▶ 비디오 중지/참가자 숨기기
▶ 화면 공유

③ 3단계는 맞춤법 퀴즈!

• 3단계까지 풀고 마지막에 점수가 가장 높은 모둠을 뽑 아요.

  예) 빈 칸에 알맞은 낱말을 고르시오.

  문제: 우리 다 같이 먹기엔 (?) ① 모자라다 ② 모자르 다 → 정답: ① 모자라다

▶ 비디오 중지/참가자 숨기기
▶ 화면 공유

• 모둠 대표가 틀리더라도 모둠원이 서로 비난하지 않고 응원해 주기로 미리 약 속해요.

• 문제의 난이도를 고려하여 점수를 다르게 줄 수도 있어요.

• 퀴즈 중간에 넌센스 퀴즈나 재미있는 놀이를 넣어 이긴 모둠에게 찬스권을 줄 수도 있어요. 예) 추가 힌트 찬스권, 모둠 의논 찬스권(해당 모둠만 소회의실에서 의논할 수 있는 찬스)

6. 우리 반 취향 그래프

"설문조사, 부탁합니다~!"

우리 반 친구들의 취향이 궁금해? 궁금하면 조사 들어갑니다! 한눈에 볼 수 있는 취향 설문조사! 이어서 취향 그래프까지 그리다 보면 지식정보처리 역량이 쑥쑥! 길러져요.

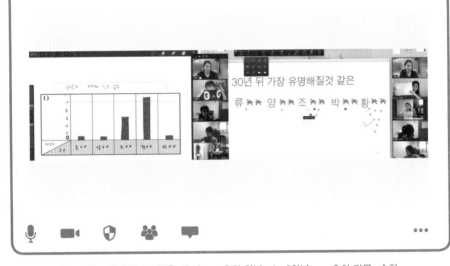

주요 기능: 화이트보드 공유, 주석   추천 학년: 4~6학년   추천 과목: 수학

1. 줌 zoom 수업 흐름 엿보기

1단계

설문조사
주제 선정하기

2단계

설문조사하기

3단계

우리 반
취향 그래프
그리기

2. 줌 zoom 수업 맞이하기

사전 활동: 그래프 그리는 방법을 공부해요.

학생 준비물: 공책, 그래프 그리는 도구(자 또는 컴퍼스 등)

3. 줌 zoom 수업 속으로 들어가기

① 무엇이~ 무엇이~ 궁금할까?

- 우리 반 취향을 알 수 있는 설문조사 주제를 자유롭게 발표해요. 선생님은 화이트보드를 공유하여 이야기 나온 주제들을 표로 정리해 줘요. 예) 좋아하는 계절, 과목, 아이돌 등
- 설문조사 주제 목록이 나오면, 학생들은 스탬프로 원하는 주제를 선택해요. "우리 반 친구들이 좋아하는 과목이 선정되었군요."

▶ **화이트보드 공유/주석**
학생들의 의견을 주석(스탬프)으로 즉석에서 조사할 수 있어요.

② 설문조사 부탁합니다!

- 학생들은 설문조사 주제에 따른 선택지들을 발표하고, 선생님은 화이트보드를 공유하여 표로 정리해 줘요. 예) 과목: 국어, 수학, 사회, 과학
- 설문조사를 시작해요. 학생들은 스탬프로 자기 의견을 한 번씩 표시해요.

▶ **화이트보드 공유/주석**
학생들의 의견을 주석(스탬프)으로 즉석에서 조사할 수 있어요.

③ 조사 결과는 보기 쉽게!

- 학생들은 설문이 완료된 표를 보고, 공책에 각자 그래프를 그려요.
- 선생님은 화이트보드를 공유해 정답 그래프를 그리고, 학생들은 자기가 그린 그래프와 비교하며 살펴봐요.
- 우리 반 설문조사 결과 그래프를 해석하여 발표해요.

▶ **화이트보드 공유/주석**
선생님이 그래프 그리는 모습을 생생하게 볼 수 있어요.

▶ **갤러리 보기**

- 수학 교과의 「그래프 그리기」 단원에 활용할 수 있어요. 예) 막대그래프, 원그래프, 꺾은선 그래프 등
- 수업 3단계에서 선생님이 그래프를 그릴 때 일부러 조금씩 틀리게 그려서 학생들이 수정하는 의견을 낼 수 있도록 하면 좋아요. 예) "선생님 가로축과 세로축 내용이 바뀌었어요!"

7. 미션! 마피아를 찾아라!

"김○○가 마피아예요! 왜냐면… 수상해 보여요!"

인기 최고 마피아 게임을 온라인에서도?! 평범한 수업도 스릴 넘치게 만들어 주는 미션 마피아 놀이! 수업 중 지령을 수행해야 하는 마피아는 두근두근! 마피아 정체를 추리하는 친구들은 흥미진진! 신나게 놀면서 지식정보처리 역량을 길러요.

주요 기능: 비공개 채팅, 손 들기   추천 학년: 4~6학년   추천 과목: 전 교과

1. 줌 zoom 수업 흐름 엿보기

1단계	2단계	3단계
마피아 지령 전달하기	마피아 미션 수행하기	마피아 찾기

2. 줌 zoom 수업 맞이하기

선생님 준비물: 마피아 지령 1가지. 예) 친구들에게 "대단하다", "좋아" 세 번 말하기, 발표 다섯 번 하기 등

3. 줌 zoom 수업 속으로 들어가기

🎲 두근두근, 혹시 내가 마피아?!

- 마피아 놀이 방법을 안내해요. "지금부터 선생님이 한 사람을 마피아로 뽑아서, 몰래 지령을 전달할 거예요. 마피아는 지령을 수행해야 하고, 나머지 친구들은 마피아가 누군지 수업이 끝나고 맞히면 됩니다."
- 선생님은 한 명의 학생에게 비공개 채팅으로 지령을 전달해요.

🎲 은밀하게 지령을 수행하라!

- 수업 시간 동안 마피아는 지령을 수행하고, 나머지 학생들은 마피아 정체를 추리해요. 선생님은 지령에 대한 힌트를 줄 수 있어요.

🎲 너지? 마피아!

- 수업이 끝날 때쯤 선생님은 마피아에게 전달한 지령과 성공 여부를 공개해요. "마피아가 지령에 성공했습니다! 지령은 '발표 다섯 번 하기'였어요."
- 학생들은 지령을 듣고 마피아 정체를 알아맞혀요. 채팅으로 마피아 후보를 추리고, '손 들기' 기능으로 마피아로 지목할지 말지 결정해요. "김ㅇㅇ을 마피아로 지목하고 싶은 학생은 손 들기를 눌러 주세요."
- 세 번의 기회 안에 마피아의 정체를 맞추면 시민들이 이기고, 실패하면 마피아가 이겨요. 마피아는 정체를 밝혀요.

▶ 비공개 채팅

마피아로 뽑힌 학생에게 지령을 전달해요. 예) 당신은 마피아가 되었습니다. 수업 끝나기 전까지 발표를 다섯 번 하세요.

▶ 갤러리 보기

▶ 채팅

마피아로 의심되는 친구 이름을 채팅으로 적어요.

▶ 손 들기

마피아 후보를 마피아로 지목하는 데 찬성하는 친구는 '손 들기'를 눌러요. 과반수가 찬성해야 마피아로 지목할 수 있어요.

- 지령은 긍정적인 영향을 줄 수 있는 것으로 선정하면 좋아요. 예) 친구들에게 "대단하다", "좋아" 세 번 말하기 등
- 지령은 모두가 알 수 있는 상황에서만 하기로 약속해요. 예) 혼잣말로 작게 말하기(X), 발표 중간에 지령 단어 넣어 말하기(O)
- 마피아를 3~4명으로 해도 좋아요.

8. 지도랑 놀자!

"자, 보이죠? 여기가 우리 ○○초등학교예요!"

인터넷 하나면, 내 손 안에 만능 지도가! 구글 지도로 재미있게 사회 공부해요. 마우스 휠을 굴리며 축척 거리감을 바로 느껴 보고, 기호와 범례를 바로바로 찾아봐요. 지도 위에 주석 스탬프로 쾅쾅! 찍기 놀이까지 하면 어느새 지식정보처리 역량이 쑥쑥!

주요 기능: 화면 공유, 주석   추천 학년: 4~6학년   추천 과목: 사회

1. 줌 zoom 수업 흐름 엿보기

1단계	2단계	3단계
지도에서 축척 살펴보기	지도에서 기호, 범례 알아보기	지도에 스탬프 찍어 보기

2. 줌 zoom 수업 맞이하기

선생님 준비물: 구글 지도 화면(사이트: google.com/maps)

3. 줌 zoom 수업 속으로 들어가기

① 지도랑 놀면서 '축척'을 배워요

- 선생님은 구글 지도 화면을 공유해요. 우리 학교 위치를 검색해서, 학교 주변을 살펴봐요.
- 지도를 살펴보면서 축척을 공부해요.
  - 마우스 휠 밀고 당겨서 축척 변화 느껴보기
  - 축척이 점점 커질 때 지도의 변화 모습 살펴보기
  - 축척이 가장 클 때와 가장 작을 때 비교하기

▶ **화면 공유**

선생님이 구글 지도를 공유해요.

② 지도랑 놀면서 '기호, 범례'를 배워요

- 선생님과 함께 학교 주변 지도에서 장소나 건물이 어떤 기호로 표현됐는지 살펴봐요.
- 학생들은 각자 인터넷으로 구글 지도에 들어가요. 내가 주로 가는 세 곳을 찾고, 어떤 기호로 표현됐는지 공책에 써 봐요. 이때, 놀이터처럼 기호로 표현되지 않은 곳은 나만의 기호로 만들어 봐요.

▶ **화면 공유**

각자 구글 지도에 접속해요.

③ 지도 도장 찍기 놀이

- 선생님이 지도를 공유해요. 선생님이 장소를 말하면, 학생들은 해당 장소를 찾아 스탬프를 찍어요. "공공기관을 찾아서 스탬프로 찍어 보세요."

▶ **화면 공유**
▶ **주석**

지도 위에 스탬프로 한 번만 찍어요.

4. 이렇게 활용할 수 있어요

- 사회 교과 지도 관련 단원에서 인터넷 지도를 다양하게 활용할 수 있어요. 예) 등고선, 생활 속 다양한 지도 등

- 교과서에 나온 지도의 기호와 인터넷 지도의 기호가 달라요. 지도마다 약속된 기호가 다를 수 있다는 것을 설명해 줘요.
- 지도 도장 찍기 놀이를 할 때, 선생님은 학생들이 스탬프를 찍는 동안 지도를 움직이면 안 돼요. 스탬프의 위치가 달라져요.
- 많은 학생이 동시에 찍기가 어렵다면, 그룹을 나눠서 찍어요. 색깔을 다르게 해서 그룹을 구분할 수도 있어요.

9. 숫자 카드를 모아라

"박지성 연봉이 높을까? 손흥민 연봉이 높을까?"

큰 수가 어렵고 복잡하다고? 놀이로 쉽고 재미있게 배워 봐! 생활 속 실제 큰 수를 비교하면서, 수 개념과 감각을 익혀요. 모둠별로 얻은 문제 숫자를 조합하면서, 배운 내용을 즐겁게 복습하다 보면, 어느새 지식정보처리 역량이 쑥쑥!

주요 기능: 화면 공유, 소회의실   추천 학년: 3~6학년   추천 과목: 수학

1. 줌 zoom 수업 흐름 엿보기

1단계	2단계
수 비교하는 퀴즈 풀기	가장 큰 수 만들기

2. 줌 zoom 수업 맞이하기

사전 활동: 수에 대한 공부를 해요. 예) 자릿값 개념, 서로 다른 수 비교하기 등

학생 준비물: 미니 화이트보드(또는 종이), 보드마커

선생님 준비물: 수를 비교하는 두 장의 사진 문제 8~10가지

예) 계란 1판 vs 연필 1타, 캐나다 인구 vs 대한민국 인구, 박지성 연봉 vs 손흥민 연봉 등 학년 수준에 따라 다름

3. 줌 zoom 수업 속으로 들어가기

숫자 카드를 모아라!

- 선생님은 수를 비교할 수 있는 사진 자료를 공유해요. 예) 계란 1판 vs 연필 1타, 대한민국 인구 vs 캐나다 인구

- 학생들은 제한 시간 안에 두 사진 중 어느 쪽이 더 큰 수일지 스탬프를 찍어요. 선생님은 결과를 발표하고, 맞힌 학생은 해당 문제 번호의 숫자 카드를 얻어요. 얻은 숫자 카드는 미니 화이트보드에 적어 둬요. 예) 1번 문제를 맞히면 숫자 카드 ① 획득

▶ 화면 공유/주석

선생님이 공유한 사진에 학생들이 스탬프로 표시해요.

최강의 수를 만들어라!

- 소회의실에 모둠별로 들어가서 각자 모은 숫자 카드를 화이트보드에 써 봐요. 모둠별로 모은 숫자 카드를 활용하여 가장 큰 숫자를 만들어요.

- 메인 세션으로 돌아와 모둠별로 만든 숫자를 발표하고, 가장 큰 수를 만든 모둠을 찾아요.

▶ 소회의실

선생님은 모둠을 순회해요.

▶ 화이트보드 공유/주석

한 학생이 화이트보드를 공유하고, 각자 모은 숫자 카드를 써요.

4. 이렇게 활용할 수 있어요

- 큰 수뿐만 아니라, 소수나 분수의 크기 비교 등으로 변형할 수 있어요.

- 수 비교 자료는 학년 수준에 따라 다르게 준비해요.
  예) 일의 자리, 백의 자리 등
- 모둠원이 모은 숫자 카드는 같은 숫자더라도 중복하여 쓸 수 있어요.
  예) 숫자 카드 ①을 세 명이 모았다면, 111을 만들 수 있음

10. VR 여행을 떠나요~!

"클릭 한 번으로! 양평으로 떠나 봅시다~!"

버스가 필요 없는 현장체험학습! 이제는 VR로 소풍 가요. 현장감 넘치는 VR 화면으로 생생하게 느껴 보는 경기도 관광지! 다 함께 경기도 유명 관광지를 보고~ 느끼고~ 즐기며~ 지식정보처리 역량을 길러요.

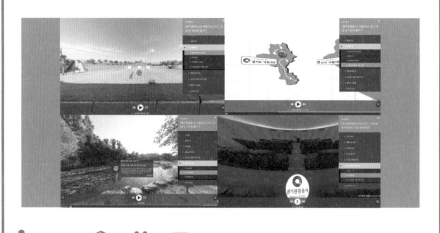

주요 기능: 화면 공유   추천 학년: 4~6학년   추천 과목: 사회

1. 줌 zoom 수업 흐름 엿보기

1단계	2단계	3단계
다 함께 VR 여행을 떠나기	각자 VR 여행 떠나기	여행 사진 공유하기

2. 줌 zoom 수업 맞이하기

선생님 준비물: 경기관광포털 링크 (사이트: vr.ggtour.or.kr)

3. 줌 zoom 수업 속으로 들어가기

⑪ VR~ 접속접속!

- 선생님은 '경기관광포털' 홈페이지 화면을 공유하여 '경기도 VR' 메뉴에 접속해요.
- VR 코스 중 한 곳을 골라 구경해요. "우리 다 함께 남양주/양평으로 여행을 떠나 볼까요?"

▶ 화면 공유

VR 코스에서 나오는 소리 및 영상도 함께 공유해요.

⑫ VR~ 여행을 떠나요!

- 선생님은 학생들에게 사이트 주소를 채팅으로 보내고, 학생들은 각자 '경기관광포털'에 접속해요.
- 평소 가고 싶었던 관광지를 골라 VR 여행을 떠나요. 여행 중 마음에 드는 장소가 있다면 화면을 캡처하여 사진 파일로 저장해 놔요.

▶ 채팅

학생들에게 '경기관광포털' 링크를 보내요.

▶ 갤러리 보기

학생들이 활동하는 모습을 살펴봐요.

⑬ VR~ 여행을 나눠요!

학생들은 화면 캡처한 여행 사진을 공유하며 VR 코스 여행이 어땠는지 이야기 나눠요.

▶ 화면 공유

학생들은 사진을 화면 공유하여 보여줘요.

4. 이렇게 활용할 수 있어요

- 국어 교과의 기행문 쓰기 활동과 연계해도 좋아요. 사회 교과의 지역 또는 역사적 명소 단원에 활용할 수 있어요.

- 경기도 이외에 다른 장소는 '구글 스트리트 뷰'로 둘러볼 수 있어요.
- 선생님은 학생들이 캡처한 VR 관광지 사진 위에 우리 반 단체 사진을 합성하여 특별한 온라인 현장체험학습 기념사진으로 남겨줄 수 있어요.
- 발표할 시간이 부족한 경우, 캡처한 사진을 프로필 사진 또는 가상 배경으로 설정하여 다 함께 이야기를 나눠 보세요.

11. 주말 날씨를 알려 드립니다!

"주말에 한바탕 비가 올 예정입니다.
이런 날은 부침개가 딱! 이겠죠?"

오늘은 내가 기상 캐스터! 배운 만큼 일기도가 보인다! 일기도를 보고 날씨를 예상해서 일기 예보 방송을 진행해 봐요. 일기 예보 방송 배경음에 맞춰, 일기도를 가리키며 날씨를 안내하다 보면, 어느새 지식정보처리 역량이 UP!

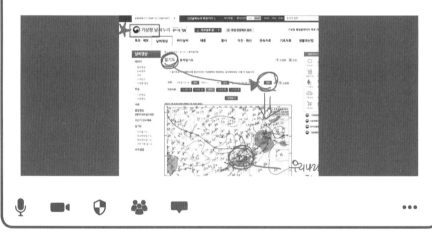

주요 기능: 가상 배경, 파일 전송   추천 학년: 5~6학년   추천 과목: 과학

1. 줌 zoom 수업 흐름 엿보기

1단계	2단계	3단계
일기도와 일기 예보 학습하기	일기 예보 방송 대본 쓰기	모둠별로 기상 캐스터가 방송하기

2. 줌 zoom 수업 맞이하기

선생님 준비물: 모둠 수만큼 서로 다른 일기도 사진 파일, 일기 예보 영상(Youtube 등), 일기 예보 배경 음악, 일기 예보 대본 양식

3. 줌 zoom 수업 속으로 들어가기

일기 예보는 무엇을 알려 주지?

• 선생님은 일기 예보 영상 하나를 공유하여 일기도와 일기 예보를 함께 공부해요.
  – 일기도의 기상 요소, 일기 예보에서 알 수 있는 정보 등

▶ 화면 공유/주석

영상을 함께 보며 설명해요.

일기도를 해석하라!

• 선생님은 일기도 사진 파일을 전송하고, 모둠을 5명 정도로 구성하여 소회의실에 배정해요. 모둠별로 일기도 사진을 보고, 기상 요소와 날씨 정보를 찾아요. 찾은 정보를 바탕으로 일기 예보 방송 대본을 짜요. 모둠원 모두 발표할 수 있도록 역할을 나눠요.
  – 구름의 양, 비 소식/최고 기온, 최저 기온/고기압, 저기압/전국 날씨, 지역별 날씨/생활 관련 지수 소개

▶ 파일 전송

모든 학생이 파일을 저장해요.

▶ 소회의실/화면 공유

한 친구가 일기도 사진을 공유하여 함께 보면서 방송 대본을 써요. 선생님은 순회 지도하며 학생들이 기상 정보를 잘못 찾았는지 확인해요.

오늘은 내가 기상 캐스터!

• 모둠별로 일기도 사진 파일을 가상 배경으로 설정하고, 기상 캐스터가 되어 일기 예보를 방송해요.

▶ 가상 배경/컴퓨터 소리만 공유

학생들은 가상 배경을 설정하고, 선생님은 일기 예보 배경 음악을 공유하여 느낌을 살려요.

▶ 비디오 중지/참가자 숨기기

발표하지 않는 모둠은 비디오 중지를 한 후, 참가자 숨기기를 누르면 발표 모둠만 화면에 보여요.

4. 이렇게 활용할 수 있어요

• 과학 교과의 날씨 단원을 학습할 때 활용하면 좋아요.

• 똑같은 일기도를 줘도 되고, 모둠별로 서로 다른 일기도를 줄 수도 있어요. 모둠별로 다르게 줄 경우, 파일명을 [○모둠]으로 하여 전송해요.
• 학생들의 수준에 맞는 일기도를 골라야 해요.
• 선생님은 일기 예보 대본 양식을 준비하면 좋아요.

12. 선생님은 과학 실험 아바타! 1탄

"정말 영상대로 실험에 성공할 수 있을까?"

실험 영상만 보고 수업을 마친다고? NO! 영상 그대로 실험 결과를 얻을 수 있는지 직접 선생님 아바타를 움직여 봐요. "오작동!"이 나오지 않게 한 단계, 한 단계 진행해 보면서 지식정보처리 역량을 길러요.

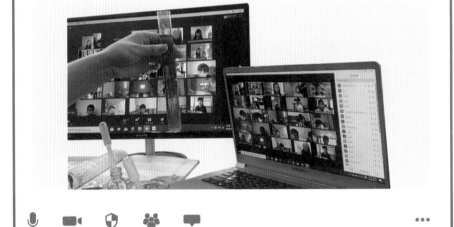

주요 기능: 화면 공유, 추천 비디오　　추천 학년: 3~4학년　　추천 과목: 과학

1. 줌 zoom 수업 흐름 엿보기

1단계

실험 방법
영상 보기

2단계

학생 지시에 따라
선생님이 과학
실험하기

2. 줌 zoom 수업 맞이하기

학생 준비물: 공책

선생님 준비물: 실험 방법 영상, 해당 차시 재료

3. 줌 zoom 수업 속으로 들어가기

① 눈 부릅뜨고 봐야 해!

• 학생들과 탐구 문제를 살펴본 후, 실험 영상을 공유하여 보여 줘요. 이때, 실험 결과는 보여 주지 않아요.

• 학생들은 실험 방법과 순서를 메모하면서 잘 기억해 둬야 해요.

▶ 화면 공유

실험 영상을 함께 봐요.

② 기억 소환 완료! 실험을 부탁해~

〈실험 방법〉

1. 모둠을 나누고, 이름을 바꿔요. (1모둠 김○○)

2. 영상 속 실험 방법을 기억하여 모둠 순서대로 실험 방법을 이야기해요. (1모둠 → 2모둠 → 3모둠 …) 차례가 온 모둠은 모둠원끼리 잠시 상의를 하여 선생님에게 실험 방법을 말해요.

3. 선생님은 아바타가 되어 실험을 대신해요. 이때, 실험 방법이 잘못되었다면 선생님은 "오작동!"을 외치고, 해당 모둠은 문제점을 찾아 실험 방법을 수정해요. "과학 아바타! 물의 양을 똑같이 해 주세요."

4. 실험 결과를 함께 정리해요.

▶ 이름 바꾸기

이름 앞에 모둠을 써서 구별해요.

▶ 갤러리 보기/음소거

모둠원이 상의하는 모습을 다른 모둠 학생들도 함께 봐요. 이때, 다른 모둠은 음소거를 해요.

▶ 추천 비디오

선생님은 실험하는 장면을 화면 가까이 보여 줘요.

---

zoom ▶ 꿀팁

• 실험 영상을 보고, 실험 방법과 순서를 떠올려 보는 활동에 중점을 둬요.

• 실험 방법이 복잡하거나 어려운 경우 등 학생들이 실험 방법을 직접 계획하기 어려울 때 활용하면 좋아요.

13. 선생님은 과학 실험 아바타! 2탄

"지금부터 선생님은 실험을 할 테니,
너는 계획을 말하거라~!"

우리가 직접 세우는 실험 계획! 계획 세우고 예상하고, 마침내 선생님 아바타가 움직이면 성공! 실험 결과를 기다리는 마음이 두근두근! 중간에 "오작동!"이 나오면, 다시 생각해 보자! 지식정보처리 역량이 저절로 길러져요.

주요 기능: 주석, 채팅   추천 학년: 5~6학년   추천 과목: 과학

1. 줌 zoom 수업 흐름 엿보기

1단계	2단계	3단계
학생들이 실험 계획하기	실험 예상 결과 표시하기	학생 지시에 따라 선생님이 과학 실험하기

2. 줌 zoom 수업 맞이하기

선생님 준비물: 과학 해당 차시 재료

3. 줌 zoom 수업 속으로 들어가기

⑪ 재료는 보여 줄 테니 실험 계획을 부탁할게!

- 선생님은 탐구 문제와 실험 재료를 제시해요.
  예) 탐구 문제: 물에 녹는/녹지 않는 물질 알아보기, 재료:
  소금, 설탕, 멸치 가루, 물, 비커 등
- 선생님은 실험 계획을 직접 제시하지 않고, 학생들과
  이야기하며 실험 계획을 세워요. "이 실험 재료로 탐구
  문제를 어떻게 해결할 수 있을까? 변인 통제는?"

▶ **추천 비디오**

선생님을 추천 비디오로 설정하고,
실험 재료를 화면 가까이 보여 줘요.

▶ **갤러리 보기**

⑫ 예상 결과는? 스탬프 쾅쾅!

- 학생들은 예상되는 결과를 발표하고, 선생님은 화이
  트보드를 공유하여 여러 가지 예상 결과를 표로 정리
  해요.
- 학생들은 스탬프로 예상하는 결과에 표시해요.

▶ **화이트보드 공유/주석**

예상 결과를 선택하여 주석(스탬프)
으로 표시해요.

⑬ 과학 아바타! 실험을 해 줘~

- 학생들이 실험 방법을 얘기하면, 선생님은 아바타가 되
  어 실험을 해요. 이때, 학생들끼리 지시가 엇갈릴 수 있
  어요. 선생님은 선택지를 주고, 학생들은 채팅으로 숫
  자를 써서 자기 의견을 말해요.
- 실험 계획이 잘못되었다면 선생님은 "오작동!"을 외치
  고, 학생들은 문제점을 찾아 실험 방법을 수정해요. "과
  학 아바타! 물의 양을 똑같이 해 주세요."
- 실험 결과를 함께 정리해요.

▶ **추천 비디오**

선생님은 실험하는 장면을 화면 가까
이 보여 줘요.

▶ **채팅**

선택지를 듣고 숫자로 의견을 써요.

zoom ▶ 꿀 팁
- 학생들이 실험 계획과 실험 방법을 직접 세워 보는 활동에 중점을 둬요.
- 학생들이 직접 실험 계획을 세워야 하므로 고학년 학생에게 추천해요. 하지만
  간단한 실험일 경우 모든 학년에 가능해요.
- 변인 통제를 잊지 않도록 짚어 줘요.

14. 함께 떠나요! 랜선 세계 여행

"여기 보여? 여기가 한국에서 가장 아름다운 곳이야!"

온라인으로도 여행을 떠날 수 있을까? 직접 '꼬마 가이드'가 되어 조사한 관광지를 친구들에게 소개하면서 지식정보처리 역량을 길러요. 친구들이 조사한 전 세계의 멋진 곳들도 함께 둘러보다 보면, 이게 여행이지 뭐야!

주요 기능: 가상 배경, 비공개 채팅　　추천 학년: 4~6학년　　추천 과목: 사회, 창체(진로)

1. 줌 zoom 수업 흐름 엿보기

1단계	2단계	3단계
세계 유명 관광지 소개하기	관광지 퀴즈 내기	최고의 꼬마 가이드 뽑기

2. 줌 zoom 수업 맞이하기

사전 활동: 서로 겹치지 않도록 전 세계 나라 중 자신이 소개할 나라를 뽑아요.

사전 과제: 학생들은 자신이 뽑은 나라의 관광지 사진과 간략한 소개글을 준비해요.

3. 줌 zoom 수업 속으로 들어가기

① 따라와! 랜선 여행

• 학생들은 사전 과제로 준비한 관광지 사진을 가상 배경으로 설정해요. 예) 핀란드 오로라 사진

• 꼬마 가이드 학생 한 명이 사전 과제로 준비한 관광지 소개글을 관람객 학생들에게 소개해요.

② 맞혀 봐! 깜짝 퀴즈

• 꼬마 가이드 학생은 자신이 소개한 내용 중에서 문제를 한 가지 내요. 문제를 맞힌 관광객 학생은 다음 꼬마 가이드가 되어 발표를 이어 가요.

③ 뽑아 봐! 꼬마 가이드♡

• 학생들은 최고의 꼬마 가이드 친구 한 명을 비공개 채팅으로 비밀 투표해요. 선생님은 최고의 꼬마 가이드를 발표해 줘요.

▶ 가상 배경

▶ 추천 비디오

발표 학생을 추천 비디오로 설정하면 다른 학생들이 발표에 집중할 수 있어요.

▶ 갤러리 보기

꼬마 가이드는 퀴즈를 맞힌 친구 중에서 다음 순서로 발표할 친구를 직접 지목해요.

▶ 비공개 채팅

채팅 수신자를 '선생님에게'로 하여 비밀 투표를 해요.

4. 이렇게 활용할 수 있어요

• 교과나 학년에 따라 우리나라 여행, 경기도 여행 등 다양하게 활용할 수 있어요.

• 가상 배경 기능은 노트북과 PC로만 가능해요. 스마트폰이나 태블릿PC를 이용하는 학생들은 '화면 공유' 기능을 활용하세요.

• 저작권 교육과 연계하면 좋아요. 인터넷 사진을 사용할 경우 주인에게 사용 허락을 받거나, 폐쇄된 공간에서 제한된 목적으로만 사용해야 한다는 사실을 알려 줘요.

15. 거품 목욕제 주식회사!

"목욕제 개발자가 되어 주세요!"

거품이 오래가는 목욕제를 만들 수 있을까? 쉽고 간단하지만, 재미와 의미 모두 가득한 목욕제 과학 실험! 온라인 시범을 보고 집에서 각자 따라 할 수 있어요. 실험 결과를 테스트할 때 거품이 보글보글, 내 마음도 보글보글! 지식정보처리 역량도 보글보글!

주요 기능: 갤러리 보기, 추천 비디오 　　 추천 학년: 5~6학년 　　 추천 과목: 과학

1. 줌 zoom 수업 흐름 엿보기

1단계	2단계	3단계
목욕제 개발자 상황 제시하기	목욕제 만들기 실험하기	친구들과 실험 결과 비교하기

2. 줌 zoom 수업 맞이하기

사전 활동: 목욕제 만들기 재료를 준비하여 학생들에게 미리 배부해요. (탄산수소나트륨, 시트르산, 녹말, 기타 도구 등 과학 교구 사이트에서 개별 포장하여 판매, 6학년 1학기 「3. 여러 가지 기체」 참고)

3. 줌 zoom 수업 속으로 들어가기

① 목욕제 삽니다~!

- 선생님은 〈거품 목욕제 주식회사〉 이야기를 해 줘요. "목욕제를 파는 상점 주인은 거품이 오래가는 목욕제를 만드는 회사와 계약을 하려고 해요. 여러분이 목욕제 개발자가 되어 주세요!"
- 목욕제를 만드는 기본 방법과 안전 수칙을 설명해요. "전체 가루와 녹말의 양은 고정하고, 탄산수소나트륨과 시트르산 비율을 조정하는 실험이에요."

▶ 추천 비디오

선생님을 추천 비디오로 설정하면 학생들이 선생님 설명에 집중할 수 있어요.

▶ 화면 공유

안전 수칙 및 실험 방법을 영상으로 공유할 수 있어요.

② 나는야 목욕제 개발자!

- 선생님이 시범으로 목욕제를 만드는 모습을 보여 줘요.
- 학생들은 탄산수소나트륨과 시트르산의 비율을 결정하여 실험 계획을 공책에 써요.
  예) 총 10숟가락: 1:9, 4:6, 7:3 등
- "개발 시작!"을 외치면 제한된 시간 안에 목욕제를 만들어요.

▶ 추천 비디오

선생님을 추천 비디오로 설정해요.

▶ 갤러리 보기

학생들이 실험하는 모습을 살펴봐요.

③ 목욕제 테스트! 제작 비법은?

- "테스트 시작!"을 외치면 학생들은 물이 담긴 컵에 목욕제를 넣고 화면에 보여 줘요.
- 거품이 가장 오래가는 목욕제를 선정하고, 개발자는 제작 비법(비율)을 발표해요. "제가 만든 목욕제의 비법은 바로 4:6입니다."

▶ 갤러리 보기

다른 학생들의 목욕제 거품 발생 모습을 보면서 실험 결과를 비교해요.

▶ 추천 비디오

발표 학생을 추천 비디오로 설정해요.

4. 이렇게 활용할 수 있어요

- 과학 교과에서 가정 실험이 가능한 차시라면 이 수업 방식을 적용할 수 있어요.

- 과학 실험 재료를 미리 배부하여 집에서도 과학 실험을 할 수 있어요.
- 안전한 실험이 될 수 있도록 선생님은 사전 실험을 꼭 해 봐야 해요.

16. 온라인 방 탈출

"지금부터 zoom 방 탈출 놀이를 시작하지…"

방 탈출 놀이를 온라인에서 할 수 있다고? 스릴 넘치는 스토리와 단계별 배움 미션, 탈출 뒤 짠! 선생님의 따뜻한 메시지까지. 이보다 더 공부가 즐거울 수 없다! 한 차시 혹은 단원 복습 활동으로 지식정보처리 역량도 기를 수 있어요.

주요 기능: 소회의실 이름 바꾸기, 비공개 채팅   추천 학년: 4~6학년   추천 과목: 전 교과

1. 줌 zoom 수업 흐름 엿보기

1단계	2단계	3단계
방 탈출 이야기 들려주기	미션을 풀며 방 탈출하기	방 탈출 소감 나누기

2. 줌 zoom 수업 맞이하기

선생님 준비물: 미션 문제(단원 정리 내용 퀴즈), 방 탈출 이야기, 방 탈출 축하 메시지 사진

3. 줌 zoom 수업 속으로 들어가기

🌐 아슬아슬~ 온라인 방 탈출

선생님은 방 탈출 놀이 방법을 안내하고, 방 탈출 이야기를 들려주세요. "오늘은 온라인 방 탈출 놀이를 할 거예요. 미션 내용은 1단원에 배운 내용과 관련 있다고 해요. 우리가 탈출해야 하는 방은 어둠의 방, 비밀의 방…."

🌐 으쌰으쌰! 온라인 방 탈출

〈놀이 방법〉

1. 소회의실을 미션 수만큼 개설하고, 소회의실 이름을 각 방의 이름으로 변경해요. 예) 비밀의 방, 어둠의 방, 숲속의 정원 등
2. 학생 전체가 첫 번째 방에 들어가서 미션을 풀고, 정답이 생각나면 비공개 채팅으로 보내요.
3. 선생님은 비공개 채팅을 보며 정답을 푼 학생의 이름을 불러 줘요.
4. 이름이 불린 학생은 온라인 방을 탈출(소회의실 나가기)하여 메인 세션에서 기다려요.
5. 모든 친구가 방을 탈출하여 메인 세션에 모이면, 다음 미션 방으로 다 같이 이동해요.
6. 같은 방법으로 소회의실별로 문제를 풀며 놀이해요.

🌐 야호! 탈출했어!

• 모든 단계를 풀고 방 탈출 소감을 나눠요. 선생님은 방 탈출 축하 메시지가 담긴 사진을 전달해요.

▶ 화면 공유

사진과 스토리를 담은 방 탈출 자료를 보여 주면 실감나게 연출할 수 있어요.

▶ 소회의실 이름 바꾸기/소회의실/메인 세션

소회의실과 메인 세션을 번갈아 이동하며 방 탈출 효과를 살려요. 방 탈출에 성공하여 메인 세션에 나간 학생들은 방에서 있었던 에피소드를 이야기하며 기다려요.

▶ 비공개 채팅

수신자를 '선생님에게' 보내도록 주의해요.

▶ 파일 전송

축하 메시지 사진을 채팅으로 전송하면 더 재미있게 마무리할 수 있어요.

• 방 탈출을 하여 메인 세션에서 기다리는 학생들이 온라인 언어 예절을 지킬 수 있도록 지도해 주세요.
• 방(소회의실)에서 늦게까지 문제를 풀고 있는 학생에게 개별 지도를 할 수 있어요. 방 탈출 제한 시간을 걸어 두면 보다 실감 나게 방 탈출 활동을 즐길 수 있어요.

3
Chapter

줌zoom 수업에서
창의적 사고 역량을 길러 '줌'

난이도   소요 시간 30~40분

1.우리가 만드는 초능력 이야기

"옛날 옛날에, 한 소녀에게
놀라운 초능력이 있었습니다. 그런데…?!"

웬만한 드라마, 영화는 저리 가라! 우리가 직접 만드는 꿀잼 초능력 이야기. 모둠에서 한 명씩 릴레이로 이야기를 만들다 보면 어느새 작품이 짠! 릴레이 이야기 만들기 활동으로 창의적 사고 역량을 키워 봐요.

주요 기능: 소회의실, 참가자 숨기기   추천 학년: 3~6학년   추천 과목: 국어, 도덕

1. 줌 zoom 수업 흐름 엿보기

1단계	2단계
릴레이 이야기 만들기	이야기 발표 및 교훈 찾기

2. 줌 zoom 수업 맞이하기

학생 준비물: 공책

3. 줌 zoom 수업 속으로 들어가기

① 우리가 만드는 릴레이 이야기

• 선생님은 이야기 첫 문장만 말해 줘요. "옛날 옛적에, 한 소녀에게 놀라운 초능력이 있었습니다."

• 소회의실에서 모둠별로 한 명씩 돌아가면서 이어질 문장을 즉석에서 말해요. 이때, 자기가 말한 문장은 나중에 발표할 수 있게 공책에 적으라고 알려 주세요.

② 가지각색의 초능력 이야기

• 메인 세션으로 나와 모둠별로 만든 이야기를 돌아가면서 발표해요.

• 다른 모둠의 발표를 듣고, 이야기의 의미나 교훈을 찾아 발표해요.

▶ 소회의실

모둠별 학생 수는 3~4명이 적당해요.

▶ 비디오 중지/참가자 숨기기

발표하지 않는 모둠은 비디오 중지를 한 후, 참가자 숨기기를 누르면 발표 모둠만 화면에 보여요.

▶ 갤러리 보기

4. 이렇게 활용할 수 있어요

• 다양한 주제와 첫 문장으로 진행할 수 있어요.
 – 어느 날 갑자기, 이 세상에 모든 숫자가 사라졌어요.
 – 어느 날, 세상의 모든 동물이 사람의 말을 하기 시작했어요.

• 이야기를 만들 때 잔인한 장면은 넣지 않도록 미리 안내해요.

• 재미있는 이야기를 만들기 위해 이야기 요소를 함께 공부해도 좋아요.
 예) 이야기의 단계, 등장인물의 성격, 사건 등

2. 상상! 다다익선!!

"뭐든지 좋아! 많을수록 좋아! 너의 생각을 보여 줘!"

너와 내 생각을 모으고 모아, 이렇게 멋진 생각을 만들어 내다니! 모두가 함께 쓸 수 있는 온라인 칠판에 우리의 상상을 마음껏 담아 봐요. 서로의 생각을 한눈에 공유하고 묶고 정리하다 보면 어느새 창의적 사고 역량이 쑥쑥!

주요 기능: 화이트보드 공유, 주석　　추천 학년: 1~6학년　　추천 과목: 전 교과

1. 줌 zoom 수업 흐름 엿보기

1단계	2단계
최대한 많이 쓰기	묶기 및 나누기

2. 줌 zoom 수업 맞이하기

선생님 준비물: 주제어. 예) 창체(진로)-직업 종류, 사회-우리나라 문화유산 등

3. 줌 zoom 수업 속으로 들어가기

** 마구마구~많이 쓰자!**

- 선생님은 화이트보드를 공유하여 가운데에 주제어를 써요. "집에서 할 수 있는 놀이를 떠올려 봅시다."
- 주제어를 보고 생각나는 단어를 써요. 다른 친구들도 쓸 수 있도록 글씨를 크게 쓰지 않기로 약속해요.
  예) 집에서 할 수 있는 놀이: 레고, 공기놀이, 종이컵으로 공 받기 놀이 등

▶ 화이트보드 공유/주석

텍스트 기능으로 써야 다른 친구들도 많이 쓸 수 있어요.

② 묶어?! 풀어?!

- 서로 관련 있는 단어끼리 묶거나 나누고 지우면서 우리 반 학생들의 생각을 정리해 봐요. 예) 축구는 집에서 할 수 없음(X)

▶ 주석

다른 색 펜으로 정리해요.

4. 이렇게 활용할 수 있어요

- 많은 아이디어를 모아야 하는 모든 활동에 적합해요. 주제를 바꿔 진행해 보세요.
  예) 창체(진로)– 직업 종류, 사회-우리나라 문화유산 등

---

zoom ▶ 꿀팁

- 선생님에게는 '주석 표시기 이름 표시' 기능이 있어요. 학생들이 쓴 주석에 마우스를 갖다 대면 주석을 쓴 학생의 이름이 보여요. 학생들은 이 기능이 없지만, 선생님이 이 기능을 사용할 때 함께 볼 수 있어요.
- 브레인스토밍, 의사결정이 필요한 활동에서 자기가 낸 아이디어가 틀릴까 걱정하거나 망설이는 학생들의 두려움을 줄일 수 있는 수업이에요.
- 주석을 쓸 때 '텍스트'로 쓰면 깔끔하게 정리되고, 많은 학생이 쓸 수 있어요. '펜'으로 쓴다면 글씨 크기를 작게 쓰도록 약속하고 시작해요.
- 두 팀으로 나눠 진행할 수도 있어요. 하지만 아이디어를 생성하는 데 목적을 두는 활동이니 서로 경쟁하지 않도록 우승팀을 정하지 않아요. 이때, '이름 바꾸기' 기능을 활용하여 자기 이름을 'ㅇ모둠 홍ㅇㅇ'로 바꾸면 팀을 구별하기 쉬워요.
- 모인 아이디어를 가지치기, 묶기, 나누기, 지우기 등을 하면서 개념을 분류하고, 상위, 하위 개념을 배우는 활동을 할 수 있어요.

난이도 ☆ 소요 시간 40~60분

3. 골라 골라! 낱말 뷔페~

"음식의 맛은 신선한 재료!
이야기의 맛은 재미있는 낱말이 결정하지!"

낱말을 골라 쓰는 재미! 나만의 이야기를 위해 마음에 드는 낱말을 골라 보아요.
재미있는 낱말로 이야기를 엮다 보면, 모두가 깜짝 놀랄만한 멋진 이야기가 짜잔!
낱말 이야기 쓰기 활동을 통해 창의적 사고 역량을 길러요.

주요 기능: 추천 비디오, 모두 음소거   추천 학년: 1~6학년   추천 과목: 국어

1. 줌 zoom 수업 흐름 엿보기

1단계	2단계	3단계
낱말 고르기	창작 이야기 만들기	창작 이야기 발표하기

2. 줌 zoom 수업 맞이하기

선생님 준비물: 다양한 낱말이 있는 자료. 예) 독도, 우정, 강아지, 비가 오다, 선물, 학교, 짜증나다, 설레다, 실망하다, 불쌍하다, 떡볶이, 시장, 도깨비 등

학생 준비물: 공책

3. 줌 zoom 수업 속으로 들어가기

🌀 골라~골라~ 낱말 뷔페

• 선생님은 여러 가지 낱말 자료를 보여 줘요. 어려운 낱말은 뜻을 알려 주세요. (선생님 준비물 참고)

• 학생들은 뷔페에서 먹고 싶은 음식을 고르듯 마음에 드는 낱말을 4~5개 골라요.

▶ 화면 공유

다양한 낱말을 함께 살펴봐요.

🌀 내가 차린 이야기 밥상

• 학생들은 자기가 고른 낱말로 10분 정도 이야기를 만들어요. 예) 비가 오다 / 강아지 / 불쌍해요.

→ 비가 부슬부슬 내리는 날, 골목길에서 추위에 떨고 있는 강아지를 보았어요. 아무것도 먹지 않은 듯 너무 배가 고파 보여 강아지가 너무 불쌍했어요.

▶ 발표자 보기

학생들은 카메라 위치를 얼굴이 아닌 자기가 쓰고 있는 공책을 비추면 좋아요. 선생님은 학생들이 글 쓰는 활동을 실시간으로 볼 수 있어요.

🌀 함께 먹어요! 창작 이야기

• 학생들은 자기가 만든 이야기를 발표하고, 다른 학생들은 친구가 만든 이야기의 주제를 함께 찾아봐요.

▶ 추천 비디오/모두 음소거

모두 음소거를 하고, 발표하는 친구만 음소거를 해제하면 보다 집중할 수 있어요.

4. 이렇게 활용할 수 있어요

• 주제를 낱말이 아닌 의성어, 의태어 등 꾸미는 말로 변경하여 활용할 수도 있어요.

• 친구들이 만든 창작 이야기를 듣고, 뒷이야기 상상하여 만들기로 후속 활동을 하면 좋아요.

• 서로 관련이 없는 다양한 낱말을 제시해 주세요.

• 저학년의 경우, 이야기 만들기가 어렵다면 낱말을 골라 짧은 글짓기를 해도 좋아요.

• 잔인하고 폭력적인 이야기는 만들지 않도록 해 주세요.

4. 그림으로 하는 끝말잇기

"지렁이를 그렸는데, 미라가 나왔다?!"

온라인에서 그림으로 끝말잇기를 한다고? 자투리 시간이나 학습 활동으로 할 수 있는 신나는 그림 끝말잇기 놀이! 아무 말도 하지 않고, 쉿! 그림으로만 이어 가면서 창의적 사고 역량을 길러 봐요.

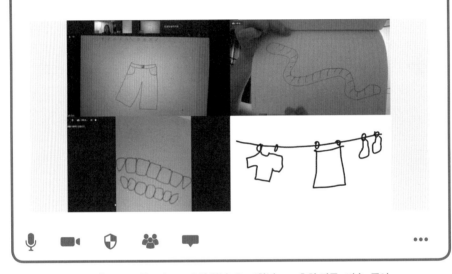

주요 기능: 모두 음소거   추천 학년: 3~4학년   추천 과목: 미술, 국어

1. 줌 zoom 수업 흐름 엿보기

1단계   2단계

그림 끝말잇기   점수 확인하기
놀이하기

2. 줌 zoom 수업 맞이하기

선생님 준비물: 미니 화이트보드(또는 종이), 보드마커
학생 준비물: 미니 화이트보드(또는 종이), 보드마커

3. 줌 zoom 수업 속으로 들어가기

 그림으로 이어라!

〈놀이 방법〉

1. 선생님은 낱말을 말하지 않고, 화이트보드에 '지렁이' 그림을 그려서 보여 줘요.
2. 학생들은 지렁이의 끝말인 '이'로 시작하는 낱말을 생각해요. 예) 이쑤시개, 이빨, 이삿짐 등
3. 생각한 낱말을 미니 화이트보드에 그림으로 그려요.
4. '이'로 시작하는 낱말 그리기에 성공한 학생들을 확인해 봐요. "그린 그림을 화면에 들어 봅시다."
5. 성공한 학생들 중 한 명을 고르고, 그 학생은 자기가 그린 그림을 보여 줘요. 예) 이쑤시개를 그린 학생
6. 다른 학생들은 다시 이쑤시개의 끝말인 '개'로 시작하는 낱말을 그림으로 그리면서 놀이를 이어 가요.

🎖 몇 개나 성공했을까?!

• 10회 정도 해 본 후, 몇 번이나 성공했는지 각자 확인해 봐요.

▶ 모두 음소거

그림을 그릴 때 정답을 이야기하지 않도록 모두 음소거해요.

▶ 추천 비디오

발표 학생을 추천 비디오로 설정하면 다른 학생들이 발표에 집중할 수 있어요.

▶ 갤러리 보기

몇 개나 맞았는지 미니 화이트보드에 점수를 기록해서 보여 줘요.

• '모두 음소거'를 한 상태에서 그림을 그려야 해요.
• 엉뚱한 그림을 그린 친구를 추천 비디오로 설정하여 보여 주면서 재미있게 진행을 하면 좋아요.

5. 각도 순간 포착!

"세상에, 이런 각도가 나올 수 있단 말이야?"

문제 풀기보다 더 재미있는 수학 수업! 측정 단원, 각도를 재미있게 공부해요. 몸으로 다양한 각도를 만들고 포즈를 취하며 각도 순간 포착! 함께 창의적 사고 역량을 키워 봐요.

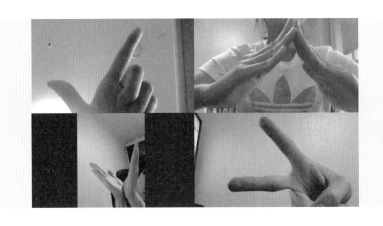

주요 기능: 추천 비디오   추천 학년: 1~4학년   추천 과목: 수학, 체육

1. 줌 zoom 수업 흐름 엿보기

1단계	2단계	3단계
각도 개념 익히기	몸으로 각도 만들어 보기	각도 조각상에서 각도 찾기

2. 줌 zoom 수업 맞이하기

선생님 준비물: 직각, 예각, 둔각을 보여 줄 수 있는 주변 사물 총 3개

3. 줌 zoom 수업 속으로 들어가기

직각, 예각, 둔각 모두 모여라

• 선생님과 각도 개념을 공부해요.

– 직각: 선분과 선분이 만나 수직을 이루는 각

– 예각: 0°보다 크고 90°보다 작은 각

– 둔각: 90°보다 크고 180°보다 작은 각

• 선생님은 직각, 예각, 둔각이 있는 실제 주변 사물을 화면에 보여 줘요.

요렇게? 이렇게? 각도를 만들어요!

• 선생님은 각도 하나를 이야기해요. "60°를 표현해 보세요."

• 학생들은 각도를 손가락, 손, 팔 등을 이용하여 창의적으로 표현해요.

각도 조각상 순간포착!

• 학생 한 명이 온몸을 이용하여 포즈를 만들고, 하나, 둘, 셋을 외치면 공개해요.

• 다른 친구들은 발표 학생의 포즈에서 예각, 둔각, 직각을 찾아요.

▶ 추천 비디오

선생님 설명에 집중하도록 선생님을 추천 비디오로 설정해요.

▶ 추천 비디오

각도를 창의적으로 표현한 친구들을 추천 비디오로 설정하여 모두 함께 봐요.

▶ 추천 비디오/비디오 중지

발표하는 학생을 추천 비디오로 설정해 줘요. 발표 학생은 비디오를 껐다가 하나, 둘, 셋을 외칠 때 비디오를 다시 켜요.

4. 이렇게 활용할 수 있어요

• 저학년은 몸으로 숫자 만들기, 한글 자음 모음 만들기 활동으로 변형할 수 있어요.

• 제시어를 주고 제시어 조각상 만들기 놀이로 변형해서 활용해요.

• 수업 2단계에서는 화면에 잘 보일 수 있도록 손가락이나 팔을 이용하여 각도를 만들어 보고, 수업 3단계에서는 온몸을 이용하여 조각상 포즈를 만들어 봐요.

• 수업 3단계의 포즈를 취할 때, 조각상처럼 1~2분 정도 움직이지 않는 자세로 유지해요.

6. 종이컵의 다양한 변신!

"누가 종이컵으로 물만 마시니?
할 수 있는 게 이렇게 많은데!"

종이컵으로 무엇을 할 수 있을까? 과자를 담아 친구에게 선물할 수도 있고, 벌레도 잡을 수 있지! 한 가지 사물을 두고 함께 무한 상상력을 발휘하면서, 창의적 사고 역량과 의사소통 역량을 길러요.

주요 기능: 소회의실, 추천 비디오   추천 학년: 3~6학년   추천 과목: 창체(자율)

1. 줌 zoom 수업 흐름 엿보기

1단계	2단계	3단계
종이컵 사용 경험 이야기하기	종이컵의 다양한 용도 찾기	종이컵 용도 찾기 놀이하기

2. 줌 zoom 수업 맞이하기

학생 준비물: 미니 화이트보드(또는 종이), 보드마커

3. 줌 zoom 수업 속으로 들어가기

① 종이컵! 너 누구니?

• 학생들과 일상생활 속에서 종이컵을 사용했던 경험을 이야기해요. "선생님! 종이컵으로는 물을 마셔요."
• 종이컵으로 할 수 있는 다른 예시를 2~3개 이야기해요. 예) 삼겹살 구울 때 기름받이, 라면 덜어 먹는 그릇

② 종이컵의 변신!

• 소회의실에 모둠별로 들어가 종이컵의 용도를 최대한 많이 찾아요. 이때, 각자 이야기한 종이컵 용도는 자기 미니 화이트보드에 꼭 적어야 '첵첵 놀이'를 할 수 있어요.

③ 상상을 펼쳐라 첵첵 놀이

〈놀이 방법〉

1. 모둠별로 돌아가면서 소회의실에서 이야기한 종이컵의 용도를 하나씩 말해요. 다른 모둠은 해당 용도가 있으면 화이트보드에 체크해요.
2. 아무도 쓰지 않은 용도를 말했을 경우, 그 모둠은 한 번 더 말할 수 있어요.
3. 모둠별로 돌아가면서 2~3회 해요. 가장 많이 체크된 모둠이 이겨요.

▶ **갤러리 보기**

학생들의 모습을 볼 수 있어요.

▶ **소회의실**

선생님은 모둠을 순회하면서 화이트보드에 자기가 말한 종이컵 용도를 적는지 확인해요.

▶ **추천 비디오**

발표 학생을 추천 비디오로 설정하면 다른 학생들이 발표에 집중할 수 있어요.

4. 이렇게 활용할 수 있어요

• 빨대, 나무젓가락, 신문지, 휴지 등 다양한 물건으로 주제를 확장할 수 있어요.

• 창의적 사고가 돋보이도록 종이컵 용도를 찾아봐요. 예) 종이컵으로 벌레 잡기, 과자 담아 친구에게 선물하기, 머리 위에 올리고 균형 잡기, 호떡 넣는 컵, 미니 쓰레기통 등
• 같은 용도로 쓰는 것은 한 개로 인정해요. 예) 종이컵에 사탕, 과자, 초콜릿 담기는 묶어서 한 개로 인정 등

7. 무인도에서 탈출하기

"어떻게든 탈출하겠어! 어떤 물건을 챙겨야지?"

어느 날 갑자기 무시무시한 괴물이 사는 무인도에 떨어진다면?! 무엇을 챙겨 가야 살아남을 수 있을까요? 기발한 생각을 마구마구 발휘하여 집에서 물건을 찾아보며 창의적 사고 역량을 키워 보아요.

주요 기능: 소회의실, 가상 배경   추천 학년: 3~6학년   추천 과목: 창체(자율)

1. 줌 zoom 수업 흐름 엿보기

1단계	2단계	3단계
무인도 이야기 들려주기	무인도 탈출 물건 찾아오기	물건 선정 토의 및 발표하기

2. 줌 zoom 수업 맞이하기

선생님 준비물: 무인도 이야기. 예) 여름휴가를 떠나는 비행기에서 잠깐 잠이 들었는데 일어나 보니 비행기가 아니라 어떤 섬에 와 있네요. 그런데 아무도 없어요! 아~핸드폰이 있었죠? 이런, 전화도 인터넷도 아무것도 되지 않아요. 주변에 보이는 건 끝없이 펼쳐져 있는 바다와 모래밭에 불을 피울 수 있는 라이터 정도네요. 쪽지도 하나 있어요. '무인도에는 무시무시한 괴물이 살고 있어요. 부디 자신을 지킬 방법을 찾길 바랍니다.' 아무래도 안 되겠어요. 구조 요청을 해야겠어요. 누가 나 좀 구해 주세요!

3. 줌 zoom 수업 속으로 들어가기

⬤ 무인도에 떨어졌어요!

• 선생님은 무인도 이야기를 들려줘요. (선생님 준비물 참고)

• 무인도에서 살아남기 위한 조건을 알려 줘요.
예) 괴물로부터 나를 지킬 수 있는 도구, 구조 요청 도구, 무인도에서 외롭지 않게 보낼 수 있는 도구 등

▶ 가상 배경

가상 배경을 무인도로 설정하면 실감 나게 상황을 연출할 수 있어요.

⬤ 무인도 짐가방 싸기

• 학생들은 무인도에서 필요한 물건 3가지를 집에서 찾아 5분 안에 가져와요. 이때, 위험한 물건(칼 등)은 가져오지 않도록 안내해 주세요.

▶ 갤러리 보기

물건을 흔들며 "구해 주세요!"라고 외치는 모습을 함께 보면서 극적인 상황을 연출해요.

⬤ 두둥! 결정의 순간

• 소회의실에 모둠별로 들어가 자기가 가져온 물건과 이유를 설명해요. 모둠 토의를 통해 가장 창의적이고 기발한 물건을 선정해요.

• 메인 세션에서 각 모둠이 선정한 아이디어를 발표하고 의견을 공유해요.

▶ 소회의실

물건을 가져온 이유를 설명할 수 있도록 시간을 충분히 주세요.

▶ 추천 비디오

발표 학생을 추천 비디오로 설정해요.

---

zoom ▶ 꿀팁

• 학생들이 물건을 찾으러 갈 때 선생님이 타이머를 설정하면 학생들은 타이머 소리를 듣고 시간을 잘 지킬 수 있어요.

• 괴물을 죽이거나 잔인한 방법을 사용하지 않도록 주의해요.

• 가장 기발한 물건을 선정할 때 옆 반 선생님이나 두 대의 기기를 이용하여 괴물이 접속하게 할 수 있어요. 이때, 프로필 사진을 괴물 사진으로 변경하고 괴물 목소리를 내면 더욱 실감 나요.

8. 즉석 속담 연기의 제왕

"아니, 왜 다들 화면에 발을 내미는 거지?
… 아! 발 없는 말이 천리 간다!"

실감 나게 배우는 속담 놀이! 한번 해 보면 배운 속담이 잊히지 않아요. 누가, 누가 연기 잘하나? 강렬한 연기로 술래가 속담을 알아맞히게 해요. 과연 오늘의 연기 제왕은?! 몸으로 표현하며 속담도 익히고 창의적 사고 역량도 길러요.

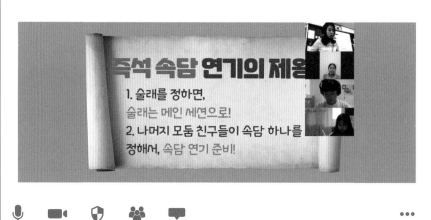

주요 기능: 소회의실, 음소거　　　추천 학년: 3~6학년　　　추천 과목: 국어

1. 줌 zoom 수업 흐름 엿보기

1단계	2단계
속담을 몸으로 표현해 보기	속담 연기 제왕 뽑기

2. 줌 zoom 수업 맞이하기

선생님 준비물: 속담 자료 8~10가지. 예) 백지장도 맞들면 낫다, 발 없는 말이 천리 간다, 내 코가 석자다, 가는 말이 고와야 오는 말이 곱다 등

3. 줌 zoom 수업 속으로 들어가기

속담을 몸으로 표현한다구?!

• 선생님은 속담 자료 8~10가지를 공유하여 학생들과 속담의 뜻을 알아봐요. 속담을 하나 골라 몸으로 어떻게 표현할 수 있을지 함께 연습해 봐요.
예) 발 없는 말이 천리 간다 (선생님 준비물 참고)

속담 연기 제왕을 뽑아라!

〈놀이 방법〉

1. 선생님은 학생들을 소회의실에 모둠별로 배정해요.
2. 모둠별로 문제를 맞히는 술래 한 명을 정하고, 술래만 메인 세션으로 나와요.
3. 남은 모둠원끼리 속담 한 가지를 정하여 각자 몸으로 표현하는 연습을 해요. 이때, 서로 말은 할 수 없어요.
4. 정해진 시간이 지나면 술래는 다시 소회의실로 들어가요.
5. 모둠원이 각자 연기를 하고, 술래는 정답을 맞혀요. 술래는 연기를 제일 잘한 친구를 한 명 골라 칭찬해 줘요.
6. 다음 순서 학생이 술래가 되어 놀이를 돌아가면서 해요.
7. 가장 많이 연기 칭찬을 받은 학생을 속담 연기 제왕으로 뽑아요.

▶ 화면 공유

속담을 화면에 띄우고 함께 공부해요.

▶ 소회의실/메인 세션

모둠은 4~5명이 적당해요.

▶ 음소거

표정, 동작 연기에 집중할 수 있도록 음소거를 해요.

• 배운 속담이 기억나지 않을 수 있어요. 놀이에서 정답을 맞히기 위해 미리 메모를 해두는 게 좋다고 알려 주세요.

9. 낙서로 만드는 세상

"저희 모둠은 물결선 하나로 ○○○을 만들었어요."

심심할 때 누구나 하는 낙서가 작품이 된다고? 단순한 선과 도형에서 기발하고 독특한 예술 작품이 나올 때까지, 우리 모두 자유롭게 손을 움직여 봐요. 내 머릿속 무한한 상상의 나래를 손끝에서 펼치고 펼치다 보면 어느새 창의적 사고 역량이 쑥쑥!

주요 기능: 화이트보드 공유, 주석   추천 학년: 1~4학년   추천 과목: 미술

1. 줌 zoom 수업 흐름 엿보기

1단계	2단계
주제를 듣고 떠오르는 그림 그려 보기	주제를 듣고 떠오르는 그림 모둠별로 그리기

2. 줌 zoom 수업 맞이하기

선생님 준비물: 낙서 주제 예시 3~4개

예) 동그라미 1개, 직선 2개, 점 4개, 물결선 1개, 냄비 그림, 아스파라거스 그림 등

학생 준비물: 미니 화이트보드(또는 종이), 보드마커

3. 줌 zoom 수업 속으로 들어가기

끄적끄적~ 낙서로 사물 만들기!

• 선생님은 화이트보드를 공유하고, 가운데에 단순한 도형 하나를 그려요. 예) 동그라미 1개, 직선 2개, 점 4개 등

• 학생들은 주제와 관련한 그림을 연상하여 화면 또는 미니 화이트보드에 그려요.

예) 동그라미: 방울토마토, 해바라기, 시계, 팽이 등

▶ 화이트보드 공유/주석

주석(펜)으로 그려요.

끄적끄적~ 낙서로 이렇게나 다양하게!

• 모둠별 활동을 하기 위해 선생님은 주제를 이야기해 줘요. "모둠별로 물결선 한 개를 가지고 그림 낙서를 최대한 다양하게! 빠르게! 많이! 그려 보세요."

〈놀이 방법〉

1. 한 친구가 화이트보드를 공유해요.
2. 물결선(주제)을 활용하여 그림을 최대한 많이 그려요.
3. 정해진 시간이 되면, 한 친구가 모둠 학생들이 그린 화이트보드를 캡처하여 저장해요.
4. 메인 세션으로 나와 캡처한 그림을 화면 공유해요.
5. 다른 학생들은 기발하고 창의적인 그림 5가지를 찾아 그림 옆에 스탬프를 찍어요.

▶ 소회의실

모둠은 4~5명이 적당해요.

▶ 화이트보드 공유/주석

크기를 적당하게 그려야 많이 그릴 수 있다고 안내해요. 스탬프도 작게 표시하게 해요.

zoom ▶ 꿀팁

• 정해진 시간 안에 최대한 다양하고, 빠르고, 많은 아이디어를 낼 수 있도록 해요. 모둠원끼리 비슷한 그림을 그렸다면 서로 확인해서 지워요.

• 『낙서가 예술이 되는 50가지 상상』(세르주 블로크 지음) 책을 참고하여 주제를 일상 사물로 줄 수도 있어요. 예) 냄비, 아스파라거스, 모자 등

• 모둠원 중 한 명은 캡처하는 방법을 알아야 해요. (키보드의 '프린트 스크린'을 누르고, 그림판 등에 옮겨서 저장하기)

• 스마트폰으로 접속하거나 화면에 그림 그리는 조작이 어려운 학생들은 미니 화이트보드에 그려서 보여 주도록 해요.

10. 상상 요리 대회

"서로 만나지 않고 모둠별로 요리할 수 있다고?"

각자 재료 가지고 모여! 누구와 어떤 재료로 만날지 전혀 모르는 상황에서 펼쳐지는 이색 요리 대회! 모둠별로 다양한 재료로 어떤 음식을 만들지 토의하고 상상하면서, 창의적 사고 역량을 기르는 상상 음식 만들기 활동이에요.

주요 기능: 소회의실, 참가자 숨기기   추천 학년: 3~6학년   추천 과목: 창체(자율), 실과

1. 줌 zoom 수업 흐름 엿보기

1단계	2단계	3단계
재료 가지고 오기	모둠별 상상 요리 만들기	상상 요리 발표하기

2. 줌 zoom 수업 맞이하기

학생 준비물: 공책

3. 줌 zoom 수업 속으로 들어가기

냉장고를 털어라!

- 선생님은 요리 주제를 정해서 알려 줘요. "우리 주위에서 코로나19로 고생하시는 분들을 위해 음식을 만들어 봅시다."
- 학생들은 집 안에 있는 요리 재료 1~2가지를 찾아서 카메라 앞으로 가지고 와요.

▶ 갤러리 보기

요리 재료가 잘 보이도록 화면 가까이 보여 줘요.

상상 요리 대첩

- 소회의실에서 모둠별로 각자 가져온 재료를 조합해 어떤 음식을 만들지 토의해요.

〈토의할 내용〉

- 음식 이름
- 음식을 주고 싶은 사람
- 음식을 주고 싶은 이유

▶ 소회의실

모둠별 학생 수는 3~4명이 적당해요.

당신에게 드려요

- 모둠별로 토의한 내용을 발표해요.

"전복 냉면을 의료진에게 주고 싶습니다. 고생하시는 의료진에게 보양식을…"

▶ 비디오 중지/참가자 숨기기

발표하지 않는 모둠은 비디오 중지를 한 후, '참가자 숨기기'를 눌러 발표 모둠만 화면에 보이게 해요.

zoom ▶ 꿀팁

- 실온에서 상할 수 있는 요리 재료는 토의가 시작되면 다시 냉장고에 갖다 놔야 해요.
- 토의할 때 요리 과정은 생략해요. 실제로 만들기 어려워도 재료에 의미를 담으면 충분해요. 예) 전복 냉면, 한우 케이크
- 다양한 재료가 조합된 창의적인 이색 요리가 나올 수 있도록 이색 요리 예시를 보여 주는 것도 좋아요.

11. 내 그림을 읽어 볼래?

"무인가? 손가락인가? 당근? 저건 당근이야!"

'몸으로 말해요'보다 더 재미있는 '그림으로 말해요' 놀이! 잘 그려도 재미있고 못 그리면 더 재미있어! 제시어를 어떻게 그림으로 표현할지 고민하고, 친구 그림을 보고 정답을 추리하면서 창의적 사고 역량을 길러요.

주요 기능: 화이트보드 공유, 주석   추천 학년: 1~6학년   추천 과목: 미술

1. 줌 zoom 수업 흐름 엿보기

1단계	2단계	3단계
선생님의 그림 맞히기	한 학생의 그림 맞히기	모둠별로 그림 맞히기 놀이

2. 줌 zoom 수업 맞이하기

선생님 준비물: 제시어 5~6개. 예) 당근, 연필, 휴대폰, 축구공, 고양이 등

3. 줌 zoom 수업 속으로 들어가기

🌀 선생님이 그린 그림은?!

- 선생님은 화이트보드를 공유하여 그림을 하나 그리고, 학생들은 정답을 맞혀요. 예) 당근 그리기
- 학생들과 그림 배틀 규칙을 함께 정해요. 예) 그림으로만 표현하기, 글씨로 설명하지 않기, 다른 사람이 그릴 때 그리지 않기 등

🌀 비밀 지령이 떨어진다~!

- 학생 한 명에게 제시어를 비공개 채팅으로 알려 줘요.
- 제시어를 받은 학생은 화이트보드에 주석으로 그림을 그리고, 정답을 아는 학생들은 채팅으로 정답을 써요.

🌀 우리끼리 그림 배틀!

〈놀이 방법〉

1. 소회의실에 모둠별로 배정하고, 한 친구가 화이트보드를 공유해요.
2. 모둠에서 그림 그릴 순서를 정해요.
3. 순서대로 자기가 생각한 제시어를 그리고 다른 모둠원은 정답을 외쳐요.
4. 2회 정도씩 순서가 돌아가도록 하고, 각자 몇 개나 맞혔는지 세어 봐요.

▶ 화이트보드 공유/주석

주석(펜)을 이용하여 그려요.

▶ 갤러리 보기

모든 학생과 이야기하며 규칙을 정해요.

▶ 비공개 채팅

학생이 그려야 할 제시어를 보내요.

▶ 화이트보드 공유/주석/채팅

정답을 채팅창에 써 보여요.

▶ 소회의실

선생님은 모둠을 순회하며 지도해요.

▶ 화이트보드 공유/주석

주석(펜)으로 그려요. 자기 순서가 아닐 때 그리지 않도록 해요.

zoom ▶ 꿀팁

- 세세한 부분까지 그리기보다 핵심적인 부분을 캐치하여 빠르게 그려야 한다는 점을 알려 주세요.
- 선생님이 먼저 시범을 보이고, 전체 학생들과 놀이 방법을 익히면서 규칙을 세워요. 예) 글씨로 설명하지 않기, 친구들이 못 맞히면 글자 수 알려 주기 등
- 모둠별로 그림 배틀을 할 때, 친구들이 그림을 맞히지 못할 수도 있어요. 제시어를 누구나 알 수 있게 선정하도록 안내하고, 제시어 1회 변경권 등을 줘도 좋아요.
- 스마트폰으로 접속하거나 화면에 그림 그리는 조작이 어려운 학생들은 미니 화이트보드에 그려서 보여 주도록 해요.

12. 변기가 아니라 샘이라구요?!

"이 포크는 그냥 포크가 아니에요!
이 포크 오브제에 이름을 지어 주세요."

변기가 샘이 되는 마법? 예술가라면 가능해요! 우리 주위의 평범한 사물에 새롭고 재미있는 의미를 담아, 색다른 이름을 붙여 봐요. '오브제 이름 붙이기 활동'을 통해 창의적 사고 역량과 심미적 감성 역량을 함께 길러요.

주요 기능: 화이트보드 공유, 주석   추천 학년: 4~6학년   추천 과목: 미술

1. 줌 zoom 수업 흐름 엿보기

1단계	2단계	3단계
뒤샹의 〈샘〉 작품 이야기하기	오브제에 함께 이름 붙여 보기	오브제에 혼자 이름 붙여 보기

2. 줌 zoom 수업 맞이하기

선생님 준비물: 마르셀 뒤샹의 〈샘〉 작품 사진, 주변 사물 2가지(포크, 빨대, 재활용함, 종이 조각, 무릎 담요)

3. 줌 zoom 수업 속으로 들어가기

① 변기가 아니라 샘?!

• 선생님은 뒤샹의 〈샘〉 사진을 보여 주며 무엇일지 추측해 보게 하고, 함께 이름을 붙여요. "변기 같아요!"
• 작품의 이름과 담긴 이야기를 들려줘요. "이것은 변기가 아니라 샘입니다. 뒤샹은…."

▶ 화면 공유

작품 사진을 보여 줘요.

② 함께 '이름'을 붙이면 탄생하는 마법

• 선생님은 주변 사물을 하나 보여 주세요.
  예) 포크 (선생님 준비물 참고)
• 선생님은 화이트보드를 공유하여 학생들이 자유롭게 작품의 이름을 붙여 보게 해요.
• 학생들은 친구들이 쓴 작품 이름을 살펴보고, 마음에 드는 이름 주위에 스티커를 붙여 의견을 표시해요.
  예) 포크: 선택과 포기, 악어 이빨, 저팔계의 삼지창 등

▶ 추천 비디오

선생님이 보여 주는 사물을 크게 봐요.

▶ 화이트보드 공유/주석

텍스트 기능으로 작품 이름을 쓰고, 마음에 드는 이름 주위에 스티커 기능을 이용해요.

③ 너희가 알던 물건이 아니야~!

• 학생들은 집에서 물건 한 가지를 가져와서 작품 이름을 지어요.
• 발표 학생은 작품 이름과 의미를 발표하고, 다른 학생들도 친구가 가져온 오브제에 새로운 이름을 몇 개 붙여 봐요.

▶ 비디오 중지/비디오 시작

화면을 끄는 동시에 물건 찾기를 시작하고, 물건을 가져오면 비디오를 켜요.

▶ 추천 비디오

발표 학생을 추천 비디오로 설정해요.

• 오브제에 이름을 붙일 때 원래의 용도에서 벗어나기, 반대되는 느낌 생각해 보기, 새로운 가치 부여하기 등을 활용할 수 있도록 질문해 주세요.
• 오브제에 이름을 붙일 때 수업에서 친구들에게 공유할 수 있을 만한 제목을 붙이도록 지도해 주세요. 함께 보기 적합하지 않은 제목은 주석 기능으로 지워 주세요.
• 수업 2단계에서는 최대한 많은 이름을 지어 보되, 의미가 담겨 있어야 한다고 방향을 안내해 주세요.

13. 들려~줌zoom! ASMR

"눈을 감고 들어 봐! 생생하게 느껴지는 ASMR의 세계!"

유튜브에서 유행하는 ASMR을 줌 수업 속으로?! 모닥불 장작 타는 소리, 치킨 먹는 소리, 비 오는 소리까지…. 나만의 ASMR을 만들고, 함께 퀴즈 활동을 하면서 창의적 사고 역량을 길러요.

주요 기능: 컴퓨터 소리만 공유, 비디오 중지   추천 학년: 1~6학년   추천 과목: 음악, 과학

1. 줌 zoom 수업 흐름 엿보기

1단계	2단계	3단계
친구 목소리 맞히기	다양한 소리 맞히기	ASMR 함께 만들기

2. 줌 zoom 수업 맞이하기

선생님 준비물: 다양한 ASMR 소리 파일(Youtube 활용)

사전 과제: 내가 만들고 싶은 ASMR 소리를 미리 생각하고 준비해요.

예) 사과 베어 먹는 소리, 손바닥 비비는 소리

3. 줌 zoom 수업 속으로 들어가기

① 누구 목소리지?!

- 모든 학생은 이름을 '???'로 똑같이 바꾸고, 비디오 중지와 음소거를 눌러 서로 정체를 모르게 해요.
- 선생님은 그중 한 명에게 '음소거 해제' 요청을 하고, 그 학생은 자기 목소리를 내 봐요. "○학년~ ○반~, 안~녕~하~세~요."
- 다른 학생들은 목소리의 주인공을 추리해서 채팅창에 정답을 써 봐요.

② ASMR 들려 zoom

- 선생님은 다양한 ASMR 소리를 들려줘요. 예) 모닥불 장작 타는 소리, 비 오는 소리, 치킨 먹는 소리 등

③ 우리가 ASMR 만들어 zoom

- 학생들은 집에 있는 물건이나 다양한 음식, 신체 부위를 활용하여 나만의 ASMR 소리를 만들어요. 발표 학생은 물건이 보이지 않게 비디오를 중지한 상태에서 음향 퀴즈를 내요. 채팅으로 제일 먼저 답을 적은 학생을 칭찬해 줘요.

▶ 이름 바꾸기/비디오 중지/음소거

누구인지 서로 알 수 없도록 이름을 똑같이 바꿔야 해요.

▶ 음소거 해제

한 학생에게 '음소거 해제' 요청을 해요.

▶ 채팅

▶ 컴퓨터 소리만 공유

화면은 공유하지 않고, 준비한 ASMR 소리만 공유해야 해요.

▶ 비디오 중지/모두 음소거/채팅

발표 학생이 퀴즈를 낼 때 비디오 중지를 해요. 다른 학생들은 음소거를 해야 소리에 집중할 수 있어요. 정답은 채팅으로 적어야 방해되지 않아요.

4. 이렇게 활용할 수 있어요

- 음악 교과의 악기 소리 맞히기 주제, 과학 교과의 소리 전달 단계 주제와 연계할 수 있어요.

- 소리를 들려주는 친구는 마이크 가까이에서 소리를 내야 해요. 마이크 소리가 작은 학생들은 소리가 큰 ASMR을 만들어야 해요.
- 저학년은 동물 울음소리, 일상생활 속의 소리를 활용하면 좋아요. 고학년은 심화 활동으로 어떤 음식을 먹는 소리인지 맞히는 활동을 할 수 있어요.
- ASMR을 들려줄 때는 '원음 켜기' 기능을 활용해요. 소리가 끊어지지 않아 노래나 악기 소리가 상대방에게 그대로 전달돼요.

14. 우리 반 모나리자 미술관

"마스크를 낀 모나리자, 꼬불꼬불 모나리자, 패션 리더 모나리자~!"

나만의 특별한 모나리자를 소개합니다! 세계에서 제일 유명한 명화 〈모나리자〉를 피카소가 그렸다면? 관점의 차이를 알고 다양한 모나리자를 감상한 뒤 나만의 모나리자를 그려 봐요. 모나리자를 콘텐츠로 활용한, 창의적 사고 역량을 키우는 배움 활동이에요.

주요 기능: 프로필 편집   추천 학년: 3~6학년   추천 과목: 미술, 국어

1. 줌 zoom 수업 흐름 엿보기

1단계	2단계	3단계
세계 명화 살펴보기	다른 화가가 그린 모나리자	〈과제 연계〉 나만의 모나리자 발표하기

2. 줌 zoom 수업 맞이하기

선생님 준비물: 피카소, 고흐, 키스 해링, 김홍도의 대표 작품 사진, 동화책 『피카소가 모나리자를 그린다면?』(표트르 바르소니 지음) (동화책 준비가 어려울 경우, 책 제목을 인터넷에 검색하여 표지 사진만 활용)

3. 줌 zoom 수업 속으로 들어가기

🔵 엄청 유명한 작품이래!

- 선생님은 레오나르도 다 빈치의 〈모나리자〉를 사진으로 보여 주고, 떠오르는 생각이나 느낌을 자유롭게 이야기해요.
- 선생님은 피카소, 고흐, 김홍도 등 다른 화가들의 명화를 사진으로 보여 줘요. "고흐의 작품은 어떤 특징이 있어요?"

▶ **화면 공유**

여러 작품 사진을 함께 봐요.

🔵 고흐도 모나리자를 그렸다고?!

- 다른 화가들이 〈모나리자〉를 그린다면 어떻게 작품이 달라질지 상상해 보도록 해요. "고흐가 모나리자를 그렸다면?" 다른 화가들이 그린 모나리자 사진을 보여 주고, 학생들은 느낌을 이야기해요. (선생님 준비물 참고)

▶ **화면 공유**

작품 사진을 함께 봐요.

🔵 〈과제 연계〉 모나리자 미술관으로 놀러 오세요!

- 학생들은 과제로 나만의 모나리자를 그리고, 자기 작품을 사진으로 찍어서 다음 수업 전까지 파일로 준비해요. 예) 마스크 낀 모나리자, 꼬북이 캐릭터로 변신한 모나리자, 남자가 된 모나리자 등
- 학생들은 자기 작품 사진을 프로필 사진으로 설정해요. 모나리자 미술관이 완성된 모습을 함께 보며 작품에 대해 느낌을 나눠요.

▶ **프로필 편집/비디오 중지**

내가 만든 모나리자를 프로필 사진으로 설정해요. 비디오 중지를 누르면 화면에 작품이 보여요.

▶ **추천 비디오**

발표하는 학생에게 집중할 수 있어요.

4. 이렇게 활용할 수 있어요

- 같은 방식으로 다양한 명화에 활용하여 아이들의 창의력과 심미적 감수성을 길러 줄 수 있어요.

- 고흐, 피카소 등 다른 화가들이 그린 모나리자 예시 작품은 실제 그 화가들의 작품이 아니라 동화책에 나오는 그림이에요.
- 아이들의 독특하고 기발한 표현에 중점을 두는 수업이에요.

Chapter 4

줌zoom 수업에서
심미적 감성 역량을 길러 '줌'

심미적 감성 의사 소통 창의적 사고

난이도 ▪ ▪ ▪   소요 시간 40~50분

1. 음악과 색이 만난다면?!

"귀로 듣고 손으로 표현해 봐! 무슨 색이 떠오르니?"

비발디의 〈사계-봄〉을 들으면 어떤 색이 떠오르나요? 음악 감상 수업을 온라인에서 더 특별하게 할 수 있어요. 느낌을 색으로 표현하여 함께 나누며 심미적 감성 역량과 표현 능력을 길러요.

주요 기능: 컴퓨터 소리만 공유   추천 학년: 1~6학년   추천 과목: 음악, 미술

1. 줌 zoom 수업 흐름 엿보기

1단계	2단계	3단계
음악 감상하기	음악을 색으로 표현하기	친구들과 느낌 공유하기

2. 줌 zoom 수업 맞이하기

선생님 준비물: 감상 음악 플래시나 파일. 예) 비발디의 〈사계-봄〉 또는 페르귄트의 〈아침〉 등
학생 준비물: 색연필이나 파스텔, 종이

3. 줌 zoom 수업 속으로 들어가기

① 음악에 '귀'를 맡겨!

• 선생님은 감상할 음악을 틀어 주고, 학생들은 눈을 감고 이미지를 상상해요. (선생님 준비물 참고)
"눈을 감고 비발디의 〈사계-봄〉을 들으면서 어떤 이미지가 떠오르는지 상상해 봅시다."

• 어떤 이미지가 떠올랐는지 이야기해요.
"비 온 뒤 꿈틀꿈틀 나온 새싹이 떠올라요."

② 음악에 '색'을 맡겨!

• 한 번 더 음악을 들려주고, 이번에는 떠오르는 느낌을 색으로 표현해요. "음악을 한 번 더 듣고 종이에 파스텔로 자유롭게 표현해 봅시다."

③ 음악을 '함께' 느껴!

• 학생들이 색으로 표현한 것을 화면에 보여 주면서 친구들에게 보여 줘요. "저는 초록색과 살랑거리는 느낌이 떠올라 초록색 물결로 표현했어요."

• 음악을 듣고 떠오르는 게 사람마다 다르다는 것을 이야기하며 수업을 마쳐요.

▶ 컴퓨터 소리만 공유/비디오 중지
음악만 들려줘요. 비디오를 중지하고 음악을 들으면 이미지를 연상하는 데 더 효과적이에요.

▶ 갤러리 보기

▶ 컴퓨터 소리만 공유
음악만 들려줘요.

▶ 갤러리 보기
학생들은 화면에 작품을 보여 줘요.

▶ 추천 비디오
발표 학생을 추천 비디오로 설정하면 다른 학생들이 발표에 집중할 수 있어요.

• 감상할 곡을 선정할 때 시각적 이미지가 떠오를 수 있는 음악을 골라야 해요.
• 색채 도구는 색연필, 파스텔, 매직, 사인펜 등 다양하게 활용할 수 있어요.
• 구체적인 형상을 그리는 게 아니라 색감과 단순한 형태를 표현하는 데 중점을 둬요.

난이도 ·   소요 시간 10~20분

2. 라디오 신청곡이 도착했어요

"<여행> 노래를 신청합니다.
여행을 갈 수 없는 지금, 친구들과 함께 이 곡을….”

이번엔 내 신청곡이 뽑힐까? 라디오 감성을 온라인 수업에서 그대로 느껴 봐요!
각양각색 재미있는 사연을 들으며 신청곡을 감상하다 보면, 어느새 심미적 감성
역량이 쑥쑥!

라디오 사연이 도착했습니다.

올 여름에는 비가 유난히 많이 내립니다.

뉴스를 보면 마음이 안타까워요. 피해를 입은
모든 사람이 힘을 냈으면 좋겠습니다.

우리 반 친구들도 날씨는 좋지 않지만 항상
행복했으면 좋겠어요.

신청 곡은~~~~입니다.

        •••

주요 기능: 컴퓨터 소리만 공유, 채팅   추천 학년: 1~6학년   추천 과목: 음악

1. 줌 zoom 수업 흐름 엿보기

1단계	2단계	3단계
신청곡 보내기	신청곡 뽑기	신청곡 듣기

2. 줌 zoom 수업 맞이하기

사전 과제: 신청곡과 사연 생각해 오기

3. 줌 zoom 수업 속으로 들어가기

① 라디오에 신청곡을?!

• 학생들은 채팅으로 선생님에게 신청곡 한 가지와 사연 1~2줄을 보내요. "볼빨간사춘기의 〈여행〉을 신청합니다. 여행을 갈 수 없는 지금, 친구들에게 이 곡을…."

② 신청곡 주인공을 뽑아요!

• 랜덤으로 번호를 뽑은 후, 채팅창에 메시지를 보낸 순서를 세어 해당 번호 학생을 신청곡 주인공으로 뽑아요. "3번이 뽑혔네요. 하나, 둘, 세 번째는 ○○ 친구의 사연이네요."

③ 라디오 음악 속으로~

• 선생님이 음악을 준비하는 동안. 뽑힌 학생은 신청곡과 사연을 이야기해요. 예) Youtube 등을 통해 음악 준비
• 음악이 준비되면 선생님은 음악을 틀어요. 음악이 끝나면 학생들과 곡의 느낌을 나눠요.

▶ 채팅

모두가 볼 수 있도록 메시지를 보내요.

▶ 갤러리 보기

학생들과 함께 이야기해요.

▶ 추천 비디오

발표 학생을 추천 비디오로 설정하면 다른 학생들이 발표에 집중할 수 있어요.

▶ 컴퓨터 소리만 공유

화면이 공유되지 않고, 노래만 나오게 할 수 있어요.

zoom ▶ 꿀팁

• 채팅으로 받은 학생들의 사연은 따로 저장해 두고, 다음 라디오 신청곡 시간에 활용해요. 모든 학생이 주인공이 될 수 있도록 일정을 계획해요.
• 아침 시간이나 남는 시간에 한 명씩 5분 정도 하면 좋아요.
• 음악 사연은 음악에 얽힌 추억, 음악을 선택한 이유 등을 이야기하면 돼요.
• 저학년 학생은 채팅이 힘들 수 있으니 원하는 곡을 손을 들고 발표해요.

3. 하늘의 얼굴

"노을빛 하늘, 오로라 하늘, 수평선 위에 해가 뜰 때 하늘!"

하루에도 몇 번씩 변화하는 하늘의 아름다운 색깔~ 해가 뜰 때! 비가 올 때! 노을이 질 때! 가지각색 하늘의 아름다운 색을 감상하며 심미적 감성 역량을 키우고 나만의 아름다운 하늘을 표현해 봐요.

주요 기능: 화면 공유, 채팅   추천 학년: 1~4학년   추천 과목: 미술

1. 줌 zoom 수업 흐름 엿보기

1단계	2단계	3단계
하늘 사진 감상하기	〈과제 연계〉 하늘 얼굴 그리기	나만의 하늘 발표하기

2. 줌 zoom 수업 맞이하기

선생님 준비물: 다양한 하늘 사진. 예) 비가 오는 회색 하늘, 노을이 지는 붉은 하늘, 오로라가 펼쳐지는 초록 하늘, 해가 지는 보랏빛 하늘, 햇빛이 쨍쨍한 파란 하늘 등

3. 줌 zoom 수업 속으로 들어가기

하늘의 아름다운 얼굴!

- 선생님은 다양한 하늘 사진을 보여 줘요. (선생님 준비물 참고)
- 학생들은 하늘 사진을 보며 느낌이나 생각을 채팅에 써 봐요. 예) 해가 지는 보랏빛 하늘은 신비로운 느낌이 들어요.

〈과제 연계〉 나만의 아름다운 하늘

- 선생님은 나만의 아름다운 하늘 얼굴을 그리는 방법을 안내해요.
  - 천둥이 치는 무서운 하늘의 모습은 검정색, 회색, 어두운 회색을 사용하여 표현
  - 해가 지는 노을빛 하늘의 모습은 빨간색, 주황색, 노란색을 사용하여 표현
- 학생들은 과제로 나만의 아름다운 하늘을 그려 와요.

오색 빛깔! 하늘 세상

- 내가 그린 하늘 얼굴을 친구에게 소개하고, 서로 소감을 나누어요.

▶ 화면 공유
준비한 자료를 함께 봐요.

▶ 채팅
각자 자기 의견을 정리하여 채팅창에 적어 봐요.

▶ 추천 비디오
선생님을 추천 비디오로 설정하면 다른 학생들이 선생님에게 집중할 수 있어요.

▶ 추천 비디오
발표 학생을 추천 비디오로 설정해요.

4. 이렇게 활용할 수 있어요

- 미술 교과의 '색의 명도 변화'와 연계할 수 있어요.

- 하늘 얼굴 그리기는 과제로 색채 도구를 미리 준비하여 즉석에서 그릴 수도 있어요. 색채 도구는 미리 정해 주지 않고, 크레파스, 물감, 파스텔 등 다양한 재료를 활용할 수 있도록 해요.
- 하늘을 표현할 때 색이 변하는 모습을 다양한 색으로 표현해요. 예) 보라색-연한 보라색-자주색이 어우러진 하늘
- 하늘을 표현할 때에는 형태나 구름 모양보다 색의 표현에 중점을 둬요.

4. 꾸러기 박자 음악대!

"쿵짝 쿵짝 쿵짜짝 쿵짝! 네 박자 속에~~~~!"

리듬도 치고 연주도 하는 꾸러기 박자 음악대! 기본 음표와 쉼표로 박자를 만들어 보며 리듬감을 익혀요. 친구들과 함께 즐겁게 박자 놀이를 하면서 심미적 감성 역량을 키워 보아요.

주요 기능: 참가자 숨기기, 음소거   추천 학년: 4~6학년   추천 과목: 음악

1. 줌 zoom 수업 흐름 엿보기

1단계	2단계	3단계
음표와 쉼표 익히기	리듬 악기로 4박자 만들기	친구들과 이어서 연주하기

2. 줌 zoom 수업 맞이하기

선생님 준비물: 음표 학습 자료(8분음표, 4분음표, 2분음표, 점2분음표, 온음표 등), 쉼표 학습 자료
(8분쉼표, 4분쉼표, 2분쉼표, 점2분쉼표, 온쉼표 등)
학생 준비물: 리듬 악기. 예) 탬버린, 캐스터네츠, 트라이앵글, 직접 만든 리듬 악기(캔과 젓가락)

3. 줌 zoom 수업 속으로 들어가기

음표와 쉼표 친구들을 소개해요
• 기본적인 박자, 음표, 쉼표를 공부해요.
 예) 2박자: 2분음표, 2분쉼표 / 1박자: 4분음표, 4분쉼표 /
 0.5(반)박자: 8분음표, 8분쉼표

쿵짜짜쿵짝! 4박자 만들기
• 선생님이 탬버린으로 4박자를 치는 모습을 보여 줘요.
• 학생들도 4박자를 만들어 악기로 리듬을 쳐 봐요.

꾸러기 박자 음악대
• 소회의실에 모둠별로 들어가 연주 순서를 정해요. 각자
 만든 4박자를 모둠별로 이어 연주하는 연습을 해요.
 (A학생 → B학생 → C학생 → D학생)
• 메인 세션으로 나와 모둠별로 발표해요. 모둠별 발표가
 끝나면 전체 학생이 이어서 연주해 봐요.
 (1모둠 → 2모둠 → 3모둠…)

▶ 화면 공유
준비한 음표와 쉼표 학습 자료를 화
면으로 함께 봐요.

▶ 추천 비디오
선생님을 추천 비디오로 설정해요.
▶갤러리 보기

▶ 소회의실
모둠원은 4~5명이 적당해요.
▶비디오 중지/참가자 숨기기/음소거
발표하지 않는 모둠은 비디오 중지를
한 후, 참가자 숨기기와 음소거를 해
주세요.

4. 이렇게 활용할 수 있어요

• 심화 활동으로 다양한 박자(4분의 3박자, 8분의 6박자), 음표와 쉼표(16분 음표, 점사분음표 등)
 를 활용할 수 있어요.
• 타악기를 직접 만드는 활동 혹은 난타 활동과 연계할 수 있어요.

ZOOM ▶ 꿀팁
• 악기는 캔과 젓가락처럼 리듬을 칠 수 있는 도구라면 모두 가능해요.
• 음표와 쉼표를 공부할 때 짝을 지으며 공부해요.
 예) 1박자: 4분음표와 4분쉼표
• 온라인 수업에서는 음악이 조화롭게 들리지 않을 수도 있어요. 정확한 소리 전
 달보다는 박자감과 리듬감을 배우는 데 중점을 둬요.
• 함께 만든 박자를 배경 음악에 맞춰 연주할 수도 있어요.

5. 같은 듯 다른 색깔 보물찾기

"익숙해서 몰랐어! 이렇게 모두 다르고 아름답다니!"

다 노란색인데 천차만별! 다양한 색 종류를 살펴보고 아름다운 우리말로 표현해요. 나만의 색 이름표까지 지어 주다 보면 심미적 감성 역량이 쑥쑥! 색을 주제로 한 통합 활동이에요.

주요 기능: 화면 공유, 주석   추천 학년: 3~6학년   추천 과목: 미술, 국어

1. 줌 zoom 수업 흐름 엿보기

1단계	2단계
다양한 노란색과	노란색
어휘 알아보기	물건 찾아오기

2. 줌 zoom 수업 맞이하기

선생님 준비물: 조금씩 다른 여러 가지 노란색 7~8가지(연한 노랑, 진한 노랑, 어두운 노랑 등)를
그림판, 한쇼, 파워포인트 등의 색상 스펙트럼을 이용하여 준비, 노란색을 나타내는 다양한 어휘
예) 샛노랗다, 누렇다, 노르스름하다, 누리끼리하다, 노릇노릇하다 등

3. 줌 zoom 수업 속으로 들어가기

🔵 이름도 많은 노랑! 노랑!

• 선생님은 조금씩 다른 여러 가지 노란색 팔레트 사진을
  공유하고, 노랑을 나타내는 다양한 어휘를 3~4가지씩
  보여 줘요. (선생님 준비물 참고)
• 선생님이 노랑을 나타내는 어휘를 부르면, 학생들은 팔
  레트 사진에서 자기가 생각하는 색의 느낌에 스탬프를
  찍어요.
  예) 샛노랗다 → 🔳 에 스탬프 찍기

🟡 노란색 보물찾기

• 학생들은 집 안에서 노란빛이 나는 물건을 개수에 상관
  없이 모두 찾아와요.
  예) 바나나, 누룽지, 해바라기 등
• 찾아온 노란색 물건을 다양한 우리말로 표현하고 발표
  해요.
  예) 바나나: 샛노랗다, 누룽지: 누렇다

▶ 화면 공유

준비한 자료를 함께 봐요.

▶주석

다양한 노란색이 있는 팔레트 사진에
해당하는 색을 주석(스탬프)으로 찍
어요.

▶ 비디오 중지/시작

학생들은 물건을 찾기 전에 비디오를
끄고, 찾아오면 비디오를 켜요.

4. 이렇게 활용할 수 있어요

• 빨강색, 파랑색, 검정색 등 주제를 확장할 수 있어요.

• 색의 느낌을 표현할 때 다양한 생각을 허용해요.
• 노란색 보물(물건)을 찾아올 때 개수는 제한하지 않아요. 대신 기준을 두어 최
  대한 다양한 노란색을 찾아오도록 안내해요.
  예) 물건의 80% 이상이 노란색인 물건만 찾아오기, 티셔츠 무늬로 노란색이
    조금 들어간 것은 인정하지 않음 등

6. 우리 집 골동품! 진품명품

"보여? 이 세월의 흔적이! 이게 바로 우리 집 진품명품이야!"

교실에서는 하기 어려운 수업! 새로운 것만 찾는 요즘 시대에 '오래된 것'의 의미
와 가치를 느껴 봐요. 이 집, 저 집 골동품을 구경하는 재미와 함께, 심미적 감성
역량이 길러지는 우리 집 골동품 소개 활동이에요.

주요 기능: 추천 비디오, 반응   추천 학년: 3~6학년   추천 과목: 사회, 도덕, 국어

1. 줌 zoom 수업 흐름 엿보기

1단계	2단계
우리 집에서 가장 오래된 물건 소개하기	골동품 진품명품 놀이하기

2. 줌 zoom 수업 맞이하기

학생 준비물: 우리 집 골동품

사전 과제: 우리 집에서 가장 오래된 물건을 찾아 어떤 물건인지 조사하고, 소개글을 간단히 써요. (부모님께 여쭤보기 등)

예) 얼마나 오래되었나요?, 우리 가족에게 어떤 의미가 있는 물건인가요?…

3. 줌 zoom 수업 속으로 들어가기

응답하라! 우리 집 골동품

- 미리 준비한 우리 집 골동품을 화면에 보여 주면서 소개 글을 발표해요. "이 물건은 할아버지 때부터 쓰던 미니 요강입니다. 약 100년 되었어요. 이 미니 요강은 할아버지, 아빠가 사용했고, 어릴 때 저도 사용했다고 합니다."

▶ 추천 비디오

골동품 실물을 화면으로 직접 보여 주면 보다 실감 나게 골동품 소개를 할 수 있어요.

온라인 골동품 진품명품

- 소개가 끝나면 골동품에 대한 질문을 주고받아요. "골동품은 누구 것인가요?" "골동품은 평소에 어떻게 보관하나요?"
- 골동품 소개가 끝나면, '반응(엄지, 박수)' 기능 중 하나를 눌러 가치를 정해요. 엄지가 더 많이 나오면 진품, 박수가 더 많이 나오면 명품으로 인증해요.
  예) 진품(엄지): 내가 사고 싶은 골동품
  명품(박수): 박물관에 기증하면 좋을 것 같은 골동품

▶ 반응

엄지와 박수 중 하나를 눌러 골동품의 진품과 명품을 구별해요.

4. 이렇게 활용할 수 있어요

- 나의 애장품 소개하기, 내 친구 소개하기 활동으로 주제를 변경해도 좋아요.

- 우리 집에서 가장 오래된 물건을 골동품으로 정해요. 골동품을 실물로 보여 주기 어려운 경우 사진을 찍어 화면에 공유해도 돼요.
- 물건 오래 쓰기 등과 연결하여 지도할 수 있어요.
- 진품, 명품 가치를 순위 매기지 않고, 모든 골동품의 가치를 찾는 활동에 중점을 둬요.

7. 명화를 파는 홈쇼핑

"매진 임박! 주문 전화가 폭주합니다!
얼른 명화를 주문해 주세요!"

세계 명화를 온라인 홈쇼핑에서 살 수 있다고?! 고흐의 〈별이 빛나는 밤에〉, 레오나르도 다빈치의 〈최후의 만찬〉, 피카소의 〈꿈〉! 온라인 명화 홈쇼핑 몰에서 세계 명화를 사고팔면서 심미적 감성 역량을 길러요.

주요 기능: 손 들기/손 내리기, 가상 배경   추천 학년: 3~6학년   추천 과목: 미술, 국어

1. 줌 zoom 수업 흐름 엿보기

1단계	2단계	3단계
홈쇼핑 물건 대본 짜기	홈쇼핑으로 명화 팔기	꼬마 쇼호스트 뽑기

2. 줌 zoom 수업 맞이하기

사전 과제: 4~5명씩 모둠을 만들고, 명화를 1개씩 정해 조사해 와요. 예) 피카소 〈꿈〉, 레오나르도 다 빈치 〈모나리자〉, 모네 〈해돋이〉, 몬드리안 〈빨강, 파랑과 노랑의 구성〉, 고흐 〈해바라기〉 등
학생 준비물: 명화 조사, 명화 사진, 홈쇼핑 장면이 담긴 사진 파일(가상 배경용)

3. 줌 zoom 수업 속으로 들어가기

🌀 홈쇼핑 방송을 준비해요

• 소회의실에 들어가 모둠별로 조사해 온 명화를 바탕으로 홈쇼핑 대본을 짜요. 예) 시들지 않는 꽃을 옆에 두고 보길 원하나요? 고흐의 명작 〈해바라기〉 저희 ○○ 홈쇼핑에서 어렵게 구했습니다. 명화 속의 보이지 않는 향기를 방안에서도 느껴 보시려면! 주문전화! 123-456-7890. 사은품으로 해바라기 한 송이를 무료로 보내 드립니다!

🌀 명화 홈쇼핑! 지금 주문하세요

• 홈쇼핑 사진을 가상 배경으로 설정하고, 홈쇼핑 대본을 보면서 명화를 판매해요. 판매할 명화 사진도 화면 공유로 보여 줘요. "안녕하세요. ○○홈쇼핑 쇼호스트입니다! 오늘 어디에서도 구할 수 없는 명화를 어렵게 구했는데요~ 방송이 끝나면 놓칠 수 있으니 서둘러 주세요! 이름만 들어도 가슴 설레는 피카소의 〈꿈〉입니다."

🌀 두둥~! 매진 되었습니다!

• 학생들은 모둠 발표를 들으며 사고 싶은 명화에 '손 들기(총 2번 가능)'를 눌러요. 가장 많은 표를 얻은 모둠을 꼬마 쇼호스트 모둠으로 선정해요.

▶ 소회의실

대본을 한 사람이 말하지 않고, 모둠 원끼리 나눠서 하도록 짜요. 몸동작도 연습하며 실제 물건을 파는 것처럼 해봐요.

▶ 가상 배경/화면 공유

홈쇼핑 사진은 가상 배경으로 하고, 명화 사진은 화면 공유해요.

▶ 비디오 중지/참가자 숨기기

발표하지 않는 모둠은 비디오 중지를 한 후, 참가자 숨기기를 해요.

▶ 손 들기/손 내리기

손 들기 기능으로 동료 평가를 할 수 있어요.

4. 이렇게 활용할 수 있어요

• 홈쇼핑 물건으로 내가 좋아하는 책, 구석기 유물 주먹도끼 등 주제를 확장할 수 있어요.

• 실제로 홈쇼핑 장면을 보고 오면 더 실감 나게 대본을 짤 수 있어요.
• 쇼호스트는 한 명이 아니라 역할을 나누어 모둠원 모두가 되도록 안내해 주세요.
• 실제 홈쇼핑처럼 '매진 임박! 주문 전화 폭주! 10개월 무이자 할부! 방송에서만 준비되었습니다. 사은품과 이벤트' 등도 넣어 대본을 짜면 재미있어요.

8. 가장 기뻤던 순간, 정지! 재생!

"이 친구를 재생해 볼까요? 아니면 음소거 해제?"

교실에서의 정지극, 즉흥극이 온라인에 왔다! 가장 기뻤던 순간을 모둠별로 정지된 동작으로 표현해 봐요. 온라인 영상처럼 정지된 친구들을 한 명씩 재생! 음소거 해제!도 가능해요. 온라인 연극 놀이를 통해 표현력과 관찰력, 심미적 감성 역량을 길러요.

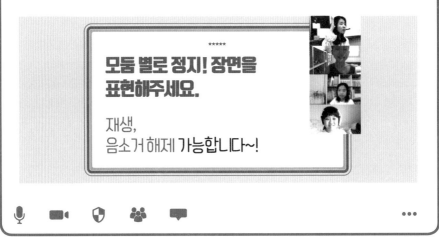

주요 기능: 소회의실, 참가자 숨기기　　추천 학년: 4~6학년　　추천 과목: 국어

1. 줌 zoom 수업 흐름 엿보기

1단계	2단계	3단계
가장 기뻤던 순간 이야기하기	정지극으로 표현하기	모둠별 정지극 발표하기

2. 줌 zoom 수업 맞이하기

사전 과제: '최근에 가장 기뻤던 순간'에 대해 2~3줄 정도 써 오기

3. 줌 zoom 수업 속으로 들어가기

① 기뻤던 순간 찾기!

• 소회의실에 모둠별로 들어가서 '최근에 가장 기뻤던 순간'에 대해 돌아가며 발표해요.
예) 계곡에 가족끼리 놀러 간 일

▶ 소회의실
모둠원은 4~5명이 적당해요.

② 함께 창작해 볼까?!

• 모둠원의 이야기 중 하나를 골라 이야기 속 인물 역할을 나눠요. 맡은 역할대로 정지된 동작과 대사를 만들어요. 예) 텐트를 치고 있는 아빠, 수박을 자르고 있는 엄마, 물싸움하는 동생과 나 등

▶ 이름 바꾸기
장면 속 역할로 이름을 바꿔요.

③ 재생? 음소거 해제? 둘 중 하나!

• 메인 세션에 모여 모둠별로 만든 정지된 장면을 보여 줘요. 정지된 동작을 하고 있는 한 학생을 골라서 "재생!"이라고 다 같이 말하면, 그 학생은 움직이는 동작을 보여 줘요. 예) 땀을 닦으며 텐트를 힘겹게 치고 있는 모습 보여 주기 등

• 이번에는 한 학생을 골라 "음소거 해제!"라고 다 같이 말하면, 그 학생은 장면 속 대사를 한마디 해 줘요. "아빠 역할 친구를 음소거 해제해 볼까요? 다 같이 음소거 해제!" "오랜만에 해서 그런가? 텐트가 잘 안 쳐지네."

• 다른 학생들은 발표한 모둠의 칭찬을 써 봐요.

▶ 비디오 중지/참가가 숨기기
발표하지 않는 모둠은 비디오 중지를 한 후, 참가자 숨기기를 누르면 발표 모둠만 화면에 보여요.

▶ 추천 비디오
발표 학생을 추천 비디오로 설정하면 다른 학생들이 발표에 집중할 수 있어요.

▶ 채팅
채팅창에 발표한 모둠의 칭찬을 써 봐요.

4. 이렇게 활용할 수 있어요

• 국어 교과 「생활 글쓰기」 단원에서 글쓰기 전 사전 학습으로 할 수 있어요.
• 미술 교과 「경험 표현하기」 단원에서 그리기 전 사전 학습으로 할 수 있어요.

• 모둠별로 다른 주제를 줄 수도 있어요.
예) 가장 힘들었던 순간, 가장 짜릿했던 순간 등

9. 잃어버린 시 조각을 찾아서

"저희 모둠은 여기에 '급식'이라는 조각을 넣었어요."

시는 시인데, 어딘가 이상하다?! 조각을 잃어버린 시에게 새로운 조각을 맞춰 주세요! 빈칸이 있는 시를 채우며 우리들만의 특별한 시를 새롭게 만들어 봐요. 색다른 시 창작 및 감상 활동을 통해 심미적 감성 역량을 길러요.

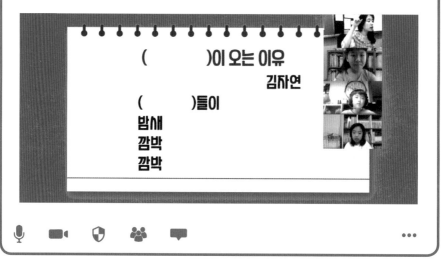

주요 기능: 화면 공유, 소회의실   추천 학년: 4~6학년   추천 과목: 국어

1. 줌 zoom 수업 흐름 엿보기

1단계	2단계	3단계
빈칸이 있는 시 읽어 주기	모둠별로 시 조각 찾기	모둠별로 만든 시 발표하기

2. 줌 zoom 수업 맞이하기

선생님 준비물: 빈칸이 있는 시(수업 1단계 예시 참고)

3. 줌 zoom 수업 속으로 들어가기

⑩ 잃어버린 시 조각을 찾아 주세요~!

• 선생님은 군데군데 빈칸이 있는 시 한 편을 읽어 주고,
 빈칸이 있는 시 파일을 학생들에게 전송해요.

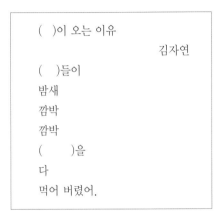

(   )이 오는 이유

　　　　　　　　김자연

(   )들이
밤새
깜박
깜박
(   )을
다
먹어 버렸어.

▶ 화면 공유

준비한 시를 화면으로 보여 줘요.

▶ 파일 전송

모든 학생들은 시 파일을 저장해요.

⑫ 이 조각? 저 조각?

• 소회의실에 모둠별로 들어가, 빈칸을 어떤 낱말로 채울
 지 토의해요.

• 완성된 시를 보고 시의 주제(교훈)를 정해 봐요.

⑬ 가장 멋진 시를 뽑아라!

• 메인 세션에 모여 모둠별로 만든 새로운 시와 주제를
 발표해요.

• 다른 학생들은 가장 마음에 드는 모둠의 시와 그 이유
 를 채팅으로 써 봐요.

▶ 소회의실/화면 공유

모둠원 중 한 명이 시 파일을 화면으로
공유하여 함께 이야기해요.

▶ 채팅

각자 느낌을 채팅으로 공유해요.

zoom ▶ 꿀팁

• 학생들이 이미 알고 있는 시일 경우, 원문 이외에 새로운 낱말을 넣어 새로운
 시를 만들어 보게 해요.

• 단순히 빈칸의 내용을 채우는 것에서 끝나지 않고, 새로운 시가 전하는 새로운
 주제(교훈)를 찾아 표현하게 해요.

10. 아름다움을 담는 꼬마 사진가

"무심코 지나쳤던, 일상생활 속에서
아름다움을 느끼는 순간?!"

꽃에 이슬이 맺혀 있는 순간, 맛있는 라면이 끓고 있는 순간, 트럭에서 떨어진 양파를 함께 줍는 순간, 꿈을 위해 열심히 그림을 그리는 순간까지 일상 속의 아름다운 모습을 찰~칵! 심미적 감성 역량도 찰~칵!

주요 기능: 화면 공유, 채팅 추천 학년: 3~6학년 추천 과목: 도덕, 미술

1. 줌 zoom 수업 흐름 엿보기

1단계

나의 아름다운
사진 소개하기

2단계

사진 속 아름다움
공유하기

2. 줌 zoom 수업 맞이하기

사전 과제: 일상 속 무심코 지나가는 아름다운 순간을 찍어서 파일로 저장해 와요. 예) 여행 갔을 때 본 아름다운 풍경, 담장 속에서 피어 있는 작고 예쁜 꽃, 엄마가 맛있게 만들어 준 김밥, 열심히 만든 나의 작품, 놀이터에서 환하게 웃고 있는 친구 얼굴, 함께 쓰레기를 줍는 모습 등

3. 줌 zoom 수업 속으로 들어가기

🔘 우리들만의 특별한 사진전

• 과제로 찍어 온 일상 속 아름다운 사진을 돌아가면서 소개해요. (학생 준비물 참고)

"내가 찍은 사진은 손톱만한 크기의 방울토마토가 열린 사진이야. 직접 화분에 옮겨 심고 물도 줬어. 나의 노력이 담긴 만큼 귀엽게 열린 방울토마토가 오늘따라 더 소중하게 느껴져."

• 다른 학생들은 사진에 대한 질문을 해요.

"방울토마토를 언제부터 키웠어요?"

"방울토마토를 키우면서 보람을 느낀 적은 언제인가요?"

🔘 아름다운 사진에 마음을 담아!

• 친구들의 사진을 보며 제일 마음에 와닿는 사진을 이야기해요.

• 일상 속에서 무심코 지나갈 수 있는 아름다움을 되새겨 보아요.

▶ 화면 공유

학생들이 사진을 직접 공유하거나 미리 학급 소통방에 사진을 올리고 선생님이 공유해 줄 수도 있어요.

▶ 채팅

마음에 와닿는 사진을 골라 보고, 자기 생각을 써요.

4. 이렇게 활용할 수 있어요

• 나의 일상 속 모습을 사진으로 담아 '소소하지만 확실한 행복 사진전'을 열 수 있어요.

> **ZOOM ▶ 꿀팁**
>
> • 일주일 정도의 충분한 시간을 주고 일상 속에서 느껴지는 아름다운 순간을 사진에 담을 수 있게 해 주세요.
>
> • 사진을 찍고, 올리는 방법을 미리 알려 주거나 부모님의 도움을 받을 수 있도록 해요.
>
> • 학생들의 사진을 인화하여 교실에 전시해 두어도 좋아요.
>
> • 도덕 교과의 「아름다움의 의미」와 연계하여 외면적, 내면적, 도덕적 아름다움을 찾아봐도 좋아요.

11. 자연 속 힐링 타임

"에메랄드빛 호수에서 수영을 한다고?"

학원, 숙제로 바쁜 일상에 지쳐 있는 우리에게도 휴식이 필요해요. 사진 속 자연을 나만의 방식으로 즐기는 온라인 힐링 타임! 자연의 아름다움을 느끼며 심미적 감성 역량도 기르고, 상상 자연 속에서 나만의 행복을 찾아봐요.

주요 기능: 가상 배경, 파일 전송   추천 학년: 4-6학년   추천 과목: 사회, 체육

1. 줌 zoom 수업 흐름 엿보기

1단계	2단계	3단계
자연의 아름다움 감상하기	자연 속에서 나만의 행복 찾기	자연 속에서 사진 찍기

2. 줌 zoom 수업 맞이하기

선생님 준비물: 자연의 아름다움을 느낄 수 있는 사진 4~5장

3. 줌 zoom 수업 속으로 들어가기

① 자연 속으로 풍덩!

• 아름다움을 느낄 수 있는 자연 사진을 함께 감상해요.
예) 하얀 백사장과 파란 바다, 넓은 초원
• 선생님은 다양한 자연 풍경 사진 파일을 전송하고,
학생들은 가장 마음에 드는 사진과 이유를 채팅창에
써요.

② 행복한 힐링 타임~

• 마음에 드는 사진을 가상 배경으로 해요.
• 자연 속에서 내가 찾을 수 있는 행복을 이야기해 봐요.
"넓은 초원에 누워 파란 하늘을 바라보며 이어폰을 꽂
고 내가 좋아하는 노래를 들어요.""에메랄드빛 호수에
서 물놀이도 하고 맛있는 간식을 먹어요."

③ 자연과 함께 차~알칵!

• 소회의실에 모둠별로 들어가서 '자연 속 힐링 타임' 포
즈를 연습해요. 가상 배경 앞에서 포즈를 취하고 캡처
기능을 활용하여 사진을 찍어요. 예) 에메랄드빛 바다
에서 주스를 마시는 모습, 푸른 숲속에서 책을 읽는 모
습 등
• 메인 세션에 나와 모둠별로 찍은 사진을 함께 감상해요.

▶ 화면 공유

아름다운 자연의 사진을 함께 봐요.

▶ 파일 전송/채팅

사진을 전송할 때 파일명을 번호로
써요. 학생들은 마음에 드는 사진 번
호를 채팅창에 써요.

▶ 가상 배경

선생님이 보내 주신 자연의 사진을 가상
배경으로 설정해요.

▶ 추천 비디오

발표 학생을 추천 비디오로 설정해요.

▶ 소회의실

학생 또는 선생님이 캡처하여 사진을
저장해요.

▶ 화면 공유

찍은 사진을 공유하여 함께 봐요.

4. 이렇게 활용할 수 있어요

• 사회 교과 「세계 여러 나라의 풍경」으로 주제를 바꿀 수도 있어요.

• 선생님이 보내 준 사진이 아닌 학생이 직접 사진을 검색하여 가상 배경으로 설
정할 수도 있어요.
• 즉흥적으로 소품을 가져와서 더욱 실감나게 장면을 연출할 수도 있어요.
예) 우산을 가져와 파라솔처럼 활용하기
• 개인 컷과 단체 컷 등 다양하게 찍을 수 있어요.

심미적
감성

창의적
사고

난이도   소요 시간 30~40분

12. 복면가왕은 누구? 1탄

"복면가왕의 정체를 공개합니다~! 가면을 벗어 주세요!"

TV 인기 예능 프로그램을 온라인 수업에서 그대로 해 본다면? 온라인에서는 프로필 사진으로 내 정체를 완벽하게 숨길 수 있지! 친구들의 무대를 감상하고, 가면 뒤 정체를 추리해 보면서 심미적 감성 역량을 길러요.

주요 기능: 프로필 편집, 비공개 채팅   추천 학년: 3~6학년   추천 과목: 음악, 창체(자율)

1. 줌 zoom 수업 흐름 엿보기

1단계	2단계	3단계
복면가왕 무대 준비하기	복면가왕 대결하기	복면가왕 우승자 뽑기

2. 줌 zoom 수업 맞이하기

사전 활동: 복면가왕 도전자를 미리 지원 받아요. (5~6명 정도)

학생 준비물: 부를 노래, 별명, 가면 사진 파일

선생님 준비물: 도전자들의 반주곡 준비(Youtube 활용)

3. 줌 zoom 수업 속으로 들어가기

🎤 공연대기실, 떨려 떨려!

- 선생님은 소회의실 이름을 '공연대기실'로 바꾸고, 미리 지원 받은 도전자들만 소회의실에 배정해요.
- 복면가왕 도전자들은 소회의실에서 대기하면서 프로필 사진과 이름을 바꿔요.

  예) 이름: 장미소년, 사진: 장미 사진 등

▶ 소회의실 이름 바꾸기

▶ 이름 바꾸기/프로필 편집/비디오 중지

🎤 드디어 복면가왕 대결 시작!

- 선생님은 소회의실을 종료하고, 도전자들을 한 명씩 소개해요. 도전자들은 노래 부르기 전에는 정체가 들킬 수도 있으니, 말하지 않아요. 노래 부를 순서를 뽑고, 한 명씩 노래를 불러요. "장미소년을 소개합니다. 볼빨간사춘기의 〈여행〉을 부릅니다~!"

▶ 비디오 중지

도전자들은 비디오 중지를 한 상태여야 해요.

▶ 컴퓨터 소리만 공유/음소거

도전자들의 노래 반주를 준비해서 틀어요. 관람객 학생들은 음소거를 해요.

🎤 과연 복면가왕 우승자는?!

- 도전자들의 정체를 알아맞혀 보고, 비밀 투표로 복면가왕 우승자를 뽑아요.

▶ 비공개 채팅

비공개 채팅 '선생님에게'로 비밀 투표해요.

4. 이렇게 활용할 수 있어요

- 복면 장기자랑으로 바꿀 수 있어요. 비디오를 끄고 프로필 사진을 띄운 채, 성대모사나 목소리만 가지고 장기를 보여 줘요.

- 도전자들이 재미있는 프로필 가면 사진과 별명을 준비할 수 있도록, 선생님이 살펴보고 도와줘요. 도전자들끼리 겹치지 않도록 해요.
- 노래 부르기 전, 도전자들과 재미있게 인터뷰를 할 수도 있어요. 정체가 들키지 않도록 도전자들이 목소리 변조, 흉내를 내면 더 재미있어요.
- 복면가왕 가면은 직접 복면가왕 만들기 수업과 연계할 수 있어요.
- 선생님이 공유한 반주와 도전자의 목소리가 맞지 않을 수 있어요. 무반주로 하거나 직접 학생이 반주를 틀고 부르면 돼요.

13. 복면가왕은 누구? 2탄

"2모둠의 정체를 공개합니다~! 가면을 벗어 주세요!"

모두가 함께하는 복면가왕 2탄! 1탄에서 즐겁게 무대를 감상했다면, 이제는 직접 출연해 보는 건 어때? 가면을 쓰고 친구들과 함께 무대에 올라 노래를 부르다 보면, 어느새 심미적 감성 역량이 쑥쑥!

주요 기능: 프로필 편집, 이름 바꾸기　추천 학년: 3~6학년　추천 과목: 음악, 창체(자율)

1. 줌 zoom 수업 흐름 엿보기

1단계	2단계	3단계
모둠 복면가왕 무대 준비하기	모둠 복면가왕 대결하기	복면가왕 우승 모둠 뽑기

2. 줌 zoom 수업 맞이하기

학생 준비물: 각자 별명 및 가면 사진 파일
선생님 준비물: 도전자들의 반주곡 준비(Youtube 활용)

3. 줌 zoom 수업 속으로 들어가기

대기실~ 떨리는 순간!

• 선생님은 소회의실 이름을 공연의 분위기가 나게 바꾸고, 모둠별로 배정해요. 예) 공연팀1, 공연팀2 등
• 모둠별로 복면가왕 대결을 준비해요.
 – 곡 선정하기
 – 각자 노래 부를 부분 나누기(1인당 1~2소절)
 – 순서대로 노래 이어 부르면서 연습하기
 – 모둠 별명을 짓고, 이름과 프로필 사진 바꾸기
 예) 이름: 장미소년 팀, 사진: 노란 장미

모둠 복면가왕 대결이 시작됩니다!

• 전부 가면(프로필 사진)을 쓴 채로 메인 세션으로 모여요. 누가 누군지 모르는 상황에서 모둠별로 노래를 불러요.
• 모둠별 노래를 듣는 학생들은 모둠원을 알아맞혀 봐요. "장미소년 팀은 김○○, 박○○, 장○○인 것 같아요."

과연 복면가왕 우승 모둠은?!

• 비공개 채팅으로 비밀 투표를 하여 복면가왕 우승 모둠을 뽑아요.
• 한 모둠씩 비디오를 켜면서 가면을 벗고 정체를 공개해요.

▶ **소회의실 이름 바꾸기/소회의실**
학생들의 의견을 반영하여 소회의실 이름을 바꾸어도 좋아요.

▶ **이름 바꾸기**
모둠원은 각자 이름을 장미소년 팀1, 장미소년 팀2 등으로 바꿔요.

▶ **비디오 중지/프로필 편집**
비디오를 끄고 미리 준비한 가면 사진으로 프로필 사진을 바꿔요.

▶ **갤러리 보기**
갤러리 보기 상태로 노래 부르는 모둠만 노래를 불러요.

▶ **비공개 채팅**
수신자를 '선생님에게'로 하여 비밀 투표를 할 수 있어요.

▶ **비디오 시작**
비디오를 켜면서 정체를 밝혀요.

• 모둠에서 모든 학생이 참여하도록, 노래 파트를 나눠 부르게 해요.
• 정체가 들키지 않도록 소회의실에서 메인 세션으로 이동하기 전에 '비디오 중지'를 꼭 해야 해요.
• 모둠별 노래를 하기 전에 재미있게 인터뷰할 수도 있어요. 정체가 들키지 않도록 목소리 변조 흉내를 내면 더 재미있어요.

14. 모둠 추억 사진관!

"세상에 이런 사진관이 어디 있어?"

줌에서만 가능한 네 컷 추억 사진 찍기! 떨어져 있어도 사진 안에서는 함께 있어요. 컷마다 개성 있는 포즈로 하나의 주제를 담아 봐요. 이 세상에서 하나뿐인 소회의실 사진관에서 함께 사진을 찍다 보면 심미적 감성 역량이 쑥쑥!

주요 기능: 화면 공유, 소회의실   추천 학년: 3~6학년   추천 과목: 미술, 창체(자율)

1. 줌 zoom 수업 흐름 엿보기

1단계	2단계	3단계
사진 주제 정하기	모둠별 준비 및 사진 찍기	모둠별 사진 함께 보기

2. 줌 zoom 수업 맞이하기

사전 활동: 카메라 감독 역할 학생에게 컴퓨터 화면을 캡처하는 방법을 알려 줘요.

3. 줌 zoom 수업 속으로 들어가기

① 우리 인생 네 컷?!

• 학생들과 사진 주제를 함께 정해요. 예) 여름, 비 오는 날, 그동안 우리 모둠에서 있었던 일들 등

• 모둠에서 맡을 역할을 안내해요.
PD: 포즈 등 연출을 담당해요./카메라 감독: 캡처 등 사진을 찍어요./작가: 사진 주제와 의미를 생각해요./ 코디: 소품, 의상을 코치해요.

② PD, 감독, 작가, 코디! 다 모여라!

• 소회의실에 모둠별로 들어가요. 학급 사진 주제와 관련하여 모둠 주제, 역할, 포즈, 소품, 의상 등을 상의해요. 예) 학급 주제: 여름/모둠 주제: 여름 방학에 하고 싶은 일/장면: 휴가 패션, 아무것도 하지 않고 뒹굴뒹굴 있는 모습, 개학 하루 전날 방학 숙제를 하는 모습 등

• 준비를 마치면, PD가 구호를 외치고 포즈를 취해요. 카메라 감독 친구가 화면을 캡처하여 사진을 저장해요.

③ 우리 반 사진전!

• 메인 세션으로 나와 각 모둠의 카메라 감독은 모둠에서 찍은 사진을 화면 공유해요. 사진을 함께 보며 소감을 나눠요.

▶ 갤러리 보기

함께 자유롭게 이야기해요.

▶ 추천 비디오

선생님을 추천 비디오로 설정하면 다른 학생들이 선생님에게 집중할 수 있어요.

▶ 소회의실

모둠은 4명이 가장 좋아요. 선생님은 순회 지도를 해요.

▶ 화면 공유

카메라 감독 역할 친구가 사진을 공유해요.

zoom ▶ 꿀팁

• 새로운 모둠을 구성하기 전, 이전 모둠 활동이 끝나는 날에 하면 좋아요.

• 역할을 4가지로 나눴지만, 모둠 주제, 역할, 포즈, 소품, 의상 등을 함께 상의하여 정하도록 안내해요.

• 소회의실에서 모둠 학습하는 시간이 길기 때문에 서로 협력하여 활동할 수 있도록 순회 지도를 해요. 선생님은 다른 기기(스마트폰)를 준비하여 여러 소회의실에 들어가 있어도 좋아요.

• 카메라 감독을 맡은 학생은 캡처하는 방법을 알아야 해요. (키보드의 '프린트 스크린' 누르고, 그림판 등에 옮겨서 저장하기) 저학년은 1가지 장면만 준비하게 하고, 선생님이 돌아다니면서 사진을 찍어 주는 게 좋아요.

15. 레디~액션! 뮤직비디오 찍기

"레디, 액션! 촬영 시작합니다!"

무대는 준비됐어! 가상 배경 기능 하나면, 이 세상 모든 곳이 우리 무대야. 소품은 집에 있는 물건으로 OK! zoom 기능을 100% 활용해서 우리들만의 특별한 뮤직 비디오를 만들어요. 음악에 맞춰 신나게 안무를 따라 하다 보면, 심미적 감성 역량이 저절로 UP!

주요 기능: 컴퓨터 소리만 공유, 기록   추천 학년: 4~6학년   추천 과목: 음악, 체육

1. 줌 zoom 수업 흐름 엿보기

1단계	2단계	3단계
뮤직비디오 콘티 짜기	뮤직비디오 촬영하기	뮤직비디오 시사회 열기

2. 줌 zoom 수업 맞이하기

사전 과제: 좋아하는 노래를 생각해 와요.

3. 줌 zoom 수업 속으로 들어가기

⑩ 콘티를 짜 볼까?!

• 소회의실에 들어가 모둠별로 뮤직비디오 콘티를 짜요.
  – 콘티 내용: 노래 선정, 안무, 가상 배경, 소품 등

⑫ 레디~액션! 촬영을 해 봐!

• 소회의실에서 모둠별로 뮤직비디오를 연습해요.
  – 음향 감독: 노래를 '컴퓨터 소리만 공유'로 틀기
  – 안무가: 춤 동작 알려 주기
  – 예술 감독: 소품과 분장, 가상 배경 준비하기
  – 촬영 감독: '기록'을 누르면서 촬영하기

⑬ 시사회에 초대합니다

• 메인 세션에서 모둠별로 촬영한 뮤직비디오를 공유하여 다 함께 감상해요.

▶ 소회의실

5~6명 정도가 적당해요. 선생님은 소회의실을 순회하며 지도해요.

▶ 컴퓨터 소리만 공유/기록

선생님은 학생에게 '기록' 권한을 줘야 해요.

▶ 비디오 중지/참가자 숨기기

참가자 숨기기 기능을 이용하여 화면에 나올 참가자 수를 조정할 수 있어요. 비디오를 켠 학생들만 화면에 나와요.

▶ 화면 공유

촬영 감독 학생이 녹화한 영상을 공유해요.

4. 이렇게 활용할 수 있어요

• 안무 짜기는 체육 표현 활동 또는 연극 수업과 연계하여 활용해요.

---

zoom ▶ 꿀팁

• 뮤직비디오를 기록할 때 다양한 장면 연출 방법을 알려 주세요. '갤러리 보기'로 모두가 나오게 찍기도 하고, '발표자 보기'로 한 명이 크게 나오게 찍을 수도 있어요. 모둠원 중 몇 명만 화면에 보이게 하고 싶다면, 화면에 나오지 않는 학생들은 '비디오 중지'를 하고, 기록을 담당하는 학생이 '참가자 숨기기'를 하면 화면에 비디오를 켠 학생들만 크게 나와요.
• '기록' 기능에 일시 중지가 있지만, 노래도 함께 일시 중지를 해야 하므로 처음부터 끝까지 노래를 끊지 않고 촬영하는 게 좋아요. 뮤직비디오의 완성도보다 함께 음악을 즐기며 영상을 찍어 보는 활동에 중점을 둬요.

5
Chapter

줌zoom 수업에서
의사소통 역량을 길러 '줌'

1. 숨겨진 물건! 너의 이름은?

"선생님의 특별한 친구를 소개할게요. 이 친구는 말이죠…."

평범한 사물을 새롭게 보자! 상상력을 발휘해서 우리 집 물건 친구들을 재미있게 소개하고 정체를 알아맞혀 봐요. 친구의 정체가 밝혀지는 순간, 아! 그런 말이었어? 모둠별로 즐겁게 의사소통 역량과 창의적 사고 역량을 길러 보아요.

주요 기능: 추천 비디오, 비디오 중지   추천 학년: 2~4학년   추천 과목: 국어

1. 줌 zoom 수업 흐름 엿보기

1단계	2단계	3단계
선생님의 물건 묘사하기	집 안에서 물건 가져오기	숨겨진 물건 맞히기 놀이

2. 줌 zoom 수업 맞이하기

학생 준비물: 공책

선생님 준비물: 묘사할 물건 한 가지

3. 줌 zoom 수업 속으로 들어가기

🔵 선생님이 숨긴 물건은 말이지!

• 먼저, 선생님이 시범으로 물건 한 가지를 화면에 보이지 않게 둬요. 그리고 물건을 의인화하여 묘사해요. 예) 빗자루: "첫째, 머리숱이 많습니다. 둘째, 우리 반에서 매일 희생하는 친구랍니다. 셋째, 몸은 삼각형과 원통 모양입니다."

• 학생들이 정답을 맞히면 화면에 물건을 보여 줘요.

▶ 추천 비디오

선생님을 추천 비디오로 설정하면 다른 학생들이 선생님에게 집중할 수 있어요.

🔵 집 안 구석구석, 물건 찾기!

• 학생들은 집 안에서 문제를 낼 물건 한 가지를 가져와요. 예) 베개, 리모컨, 축구공 등

• 물건을 의인화하여 묘사하는 말 3~4가지를 재치 있게 만들고, 공책에 써요.

▶ 비디오 중지/비디오 시작

학생들은 물건을 찾기 전에 비디오를 끄고, 찾아오면 비디오를 켜요.

🔵 숨겨진 물건을 맞혀라!

• 학생들은 차례대로 문제를 내고, 다른 학생들은 숨겨진 물건의 정체를 말해요.

• 친구가 정답을 맞히면 물건을 화면에 직접 보여 줘요.

▶ 추천 비디오

발표 학생을 추천 비디오로 설정하면 다른 학생들이 발표에 집중할 수 있어요.

• 물건을 가져올 때 주제를 정해서 진행할 수도 있어요.
  예) 추억이 담긴 물건, '가을' 하면 생각나는 물건

• 물건을 묘사하는 말을 만들 때 직접적인 설명보다는 물건을 의인화하여 재치 있게 만들도록 안내해요.

• 모둠 활동으로 소회의실에서 문제를 내도 좋아요.

2. 특명, 영어 철자를 찾아라!

"Cap! Cap을 가져오세요!"

이런 온라인 영어 수업은 처음이지? 쉽고 재미있게 영어 단어 철자를 공부해 봐요. 집에 있는 사물을 활용해, 선생님이 알려 준 단어대로 집 안 곳곳 신나게 찾아다니다 보면 어느새 영어 실력이 쑥쑥, 의사소통 역량이 쑥쑥!

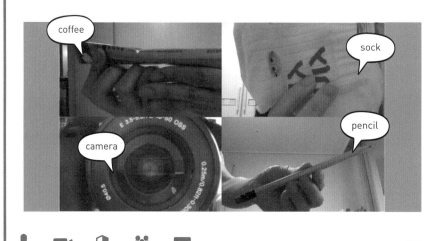

주요 기능: 추천 비디오   추천 학년: 3~6학년   추천 과목: 영어

1. 줌 zoom 수업 흐름 엿보기

1단계	2단계	3단계
영어 단어에 해당하는 물건 찾기	영어 철자가 들어간 물건 찾기	영어 단어 따라 읽기

2. 줌 zoom 수업 맞이하기

선생님 준비물: 집에서 찾을 수 있을 만한 영어 단어
예) cup, socks, toothpaste, pillow, chopsticks 등
학생 준비물: 미니 화이트보드(또는 종이), 보드마커

3. 줌 zoom 수업 속으로 들어가기

❶ 먼저! 단어를 찾아봐~

- 선생님은 영어 단어를 이야기해요. "cap! cap을 가져
  오세요!"
- 학생들은 영어 단어에 해당하는 물건을 찾아와요.
- 가져온 물건이 맞는지 서로 확인하고, 다른 단어로
  2~3회 반복해요.

▶ 갤러리 보기

가져온 물건을 화면 가까이 보여 줘요.

❷ 이번엔! 철자를 찾아봐~

- 이번에는 선생님이 영어 철자를 이야기해요. "C! C가
  들어간 물건을 가져오세요!"
- 학생들은 영어 C가 들어간 물건을 찾아와요.
  예) coffee, pencil, camera, socks 등

▶ 갤러리 보기

물건을 찾기 위해 움직이는 모습을
함께 봐요.

❸ 날 따라해봐~!

- 가져온 물건을 화면에 보여 주고, 물건 이름을 영어로
  이야기해요. "저는 cap! 모자를 가져왔어요."
- 학생들은 친구가 가져온 물건을 보며 새로운 단어를 함
  께 따라 읽어요.

▶ 추천 비디오

발표 학생을 추천 비디오로 설정하면
다른 학생들이 발표에 집중할 수 있
어요.

- 영어 단어를 재미있는 활동으로 익힐 수 있어요.
- 물건을 찾을 때 위험하지 않도록 시간을 넉넉히 주고, 위험한 곳은 가지 않도
  록 지도해요.
- 수업 1단계에서 물건이 없는 학생들이 있을 수 있어요. 물건이 없는 경우, 미
  니 화이트보드에 그려 보게 해요.

3. 내가 그린 외계인 그림

"모두의 생각이 통할 수 있을까? 어떻게? 이렇게!"

친구의 생각과 내 생각은 얼마나 같을까? 친구가 생각하는 외계인을 똑같이 그려 보는 놀이! 미술감독이 되어 친구들에게 그림을 설명해 보고, 화가가 되어 설명을 듣고 똑같이 그려 봐요. 어떻게 하면 서로 같은 외계인을 그릴 수 있을지 고민하면서 의사소통 역량을 기를 수 있어요.

주요 기능: 추천 비디오, 갤러리 보기   추천 학년: 3~6학년   추천 과목: 국어, 미술, 도덕

1. 줌 zoom 수업 흐름 엿보기

1단계	2단계	3단계
미술감독 설명만 듣고 그리기	미술감독과 소통하며 그리기	경청과 소통의 의미 찾기

2. 줌 zoom 수업 맞이하기

학생 준비물: 미니 화이트보드(또는 종이), 보드마커

선생님 준비물: 외계인 얼굴 설명. 예) 선생님이 생각하는 외계인의 얼굴은 사각형이에요. 눈은 반달 모양이고, 코는 돼지 코 모양이에요. 입은 옆으로 길게 찢어져 있고, 뾰족뾰족한 이빨이 나 있어요. 머리에는 뾰족한 더듬이가 나 있어요.

3. 줌 zoom 수업 속으로 들어가기

① 같은 설명! 다른 이해!

- 선생님은 미술감독, 학생들은 화가가 돼요. 선생님은 외계인 얼굴을 설명하며 그리고, 학생들은 설명을 듣고 그려요. 예) 외계인 얼굴 설명 (선생님 준비물 참고)
- 선생님의 그림을 공개하고, 학생들은 자기 그림과 얼마나 비슷한지 확인해 봐요. "같은 내용을 들었지만, 외계인 얼굴은 모두 다르네요."

② 통!통!통 소통하기

- 학생 한 명이 미술감독, 나머지 학생들은 화가가 돼요. 미술감독은 외계인 얼굴을 설명하며 그리고, 화가들은 이번에는 질문을 하며 그려요. "미술감독님! 외계인의 입에는 이빨이 몇 개나 있나요?"
- 미술감독은 그림을 공개하고, 학생들은 자기 그림과 얼마나 비슷한지 확인해 봐요. "소통하면서 그린 외계인은 비슷하게 생겼어요!"

③ 경청＋소통＝이해

- 미술감독의 설명만 듣고 그릴 때와 질문하며 그릴 때를 비교해 보고, 경청과 소통의 중요성을 함께 확인해요.

▶ 추천 비디오

선생님을 추천 비디오로 설정하면 다른 학생들이 발표에 집중할 수 있어요.

▶ 갤러리 보기

모든 학생이 그림을 화면 가까이 들어요.

▶ 추천 비디오

미술감독을 추천 비디오로 설정하면 다른 학생들이 발표에 집중할 수 있어요.

▶ 갤러리 보기

여러 친구의 그림을 동시에 확인해요.

▶ 갤러리 보기

- 미술감독과 질문을 주고받을 때 충분한 시간을 주세요. 화가 친구들에게 최대한 자세하게 질문하도록 안내하면 훨씬 더 비슷한 외계인 그림을 그릴 수 있어요.
- 선생님이 미술감독이 되어 외계인의 얼굴을 설명할 때 대략적인 설명만 해요. 너무 자세하게 설명하지 않는 게 좋아요.

난이도 ★   소요 시간 15~20분

4. 선생님 쿵! 학생 짝! 쿵짝 친구 1탄

"선생님의 쿵~짝~친구는 과연 누구일까?"

짬뽕이냐, 짜장면이냐! 마지막까지 남는 친구는 선생님과 취향이 똑 닮은 쿵.짝.친.구! 아침 활동이나 남는 시간에 간단히 할 수 있는 활동으로 학생들과도 친해지고 의사소통 역량도 키울 수 있는 재미있는 놀이예요.

주요 기능: 비디오 중지   추천 학년: 1~4학년   추천 과목: 창체(진로), 도덕

1. 줌 zoom 수업 흐름 엿보기

1단계	2단계	3단계
둘 중 하나 선택하는 제시어 주기	둘 중 하나 선택하기	최종 쿵짝 친구 선정하기

2. 줌 zoom 수업 맞이하기

학생 준비물: 미니 화이트보드(또는 종이), 보드마커

선생님 준비물: 제시어 8~10개. 예) 짬뽕과 짜장면, 피자와 치킨, 비빔냉면과 물냉면, 파란색과 초록색, 여름과 겨울, 강아지와 고양이, 체육과 미술, 콜라와 사이다, 삼겹살과 갈비, 딸기 우유와 초코 우유 등

3. 줌 zoom 수업 속으로 들어가기

① 골라 골라♪ 둘 중 하나 골라 봐!

• 선생님은 둘 중 하나를 선택하는 제시어를 주세요.
  예) 짬뽕 vs 짜장면(선생님 준비물 참고)
• 선생님과 학생들은 둘 중 하나를 선택하여 미니 화이트
  보드에 써요. '하나, 둘, 셋'을 외치면 모두 화이트보드
  를 들어요.

▶ 갤러리 보기

화이트보드를 화면 가까이 들어요.

② 불 끄기 vs 불 켜기

• 선생님과 제시어가 다른 학생은 '비디오 중지' 기능으
  로 비디오를 꺼요.
• 선생님과 제시어가 같은 학생들에게는 두 번째 제시어
  를 주고, 이전 단계를 반복해요.

▶ 비디오 중지

제시어가 다른 학생은 화면을 끄게 해요.

③ 나는야, 선생님의 쿵짝 친구!

• 마지막까지 남은 학생을 선생님의 쿵짝 친구로 선정하
  고 쿵짝 친구의 소감을 들어 봐요.

▶ 추천 비디오

발표 학생을 추천 비디오로 설정하면 다른 학생들이 발표에 집중할 수 있어요.

ZOOM ▶ 꿀팁

• 새 학기에 선생님과 친해지는 적응 활동으로 추천해요.
• 선생님과 다른 것을 고른 친구들에게는 틀린 것이 아니라 취향이 다른 것임을 알려 줘요.
• 10단계까지 탈락 없이 모두 같이 해 보고, 이 중 몇 개가 같은지 세어 보는 활동으로 변경해도 좋아요.
• 학생들이 사회자가 되어 놀이를 진행할 수 있어요. 선생님과 놀이를 먼저 해 보고 방법을 익히면 모두 사회자를 할 수 있어요. 매일 한 명씩 돌아가면서 주인공을 바꿔 보세요. 특히, 친구 사랑의 날에 활용하면 좋아요.

5. 선생님 쿵! 학생 짝! 쿵짝 친구 2탄

"자유형! 자유형, 자유형, 자유형…. 아, 배형! (탄식)"

'수영' 하면 떠오르는 포즈는? 제시어를 듣고 포즈를 취하고, 선생님과 텔레파시가 통했는지 확인해 봐요. 과연 마지막까지 몇 명이 살아남을까?! 간단하지만 즐거운 놀이를 함께하면서 의사소통 역량을 길러요.

주요 기능: 비디오 중지/시작   추천 학년: 1~4학년   추천 과목: 체육

1. 줌 zoom 수업 흐름 엿보기

1단계	2단계	3단계
주제 제시하기	떠오르는 몸짓	선생님과 몇 명이나
(수영)	생각하기	같은지 확인하기
	(배형, 자유형)	

2. 줌 zoom 수업 맞이하기

선생님 준비물: 제시어 5~6개

예) 하품, 코끼리, 오랑우탄, 수영, 볼링, 야구 등

3. 줌 zoom 수업 속으로 들어가기

① ~하면 생각나는 몸짓은?

- 선생님은 주제를 말해줘요. "수영을 떠올리면 생각나는 포즈는?"
- 선생님은 비디오 중지를 누르고, 학생들은 화면 밖으로 나가 포즈를 생각해요. 예) 배형, 자유형, 평형 모습 등

▶ 갤러리 보기

▶ 비디오 중지

선생님만 비디오 중지를 눌러요.

② 일심동체! 텔레파시!

- 함께 "일심동체!"를 외치면 학생들이 화면에 포즈가 보이게 등장해요.
- 학생들이 "텔레파시!"를 외치면, 선생님은 비디오를 켜고 포즈를 보여 줘요.

▶ 갤러리 보기

모든 학생의 모습을 볼 수 있어요.

▶ 비디오 시작

선생님은 미리 포즈를 취하고 있다가 비디오를 켜요.

③ 선생님과 쿵짝 친구!

- 선생님과 몇 명이나 마음이 통했는지 확인하고, 다음 제시어를 해요.
- 5~6회 반복한 후, 선생님과 몇 번이나 마음이 통했는지 세어 봐요.

▶ 갤러리 보기

모든 학생의 모습을 볼 수 있어요.

- 처음에 시작할 때 '하품, 코끼리' 같은 쉬운 단어로 시작하면 좋아요.
- 남는 시간에 할 수 있는 활동으로 저학년, 중학년 학생들이 즐거워하는 놀이예요.
- 선생님과 쿵짝 친구 게임을 익혔다면, 학생 한 명이 주인공이 되어 놀이를 진행하거나 모둠끼리 소회의실에서도 할 수 있어요.

6. 더빙의 고수

"목소리만으로 연기를 하다니! 더빙의 고수구나!"

목소리 하나에 인물의 성격, 마음, 생각 그 모든 게 담겨 있지! 만화 영화 속 등장인물 목소리 연기에 도전해요. 친구들의 실감 나는 목소리 흉내에 확 달라진 만화영화를 감상하면서, 국어 공부도 하고 의사소통 역량도 길러요.

주요 기능: 화면 공유   추천 학년: 4~6학년   추천 과목: 국어

1. 줌 zoom 수업 흐름 엿보기

1단계	2단계	3단계
더빙된 만화 영화 살펴보기	모둠별로 더빙 연습하기	더빙 만화 영화 발표회

2. 줌 zoom 수업 맞이하기

선생님 준비물: 더빙 수업에 쓸 만화 영화 동영상 파일 또는 링크

예)〈검정 고무신〉,〈자두야 놀자〉,〈신비 아파트〉 등

3. 줌 zoom 수업 속으로 들어가기

⓵ 더빙의 고수님들께 배워 보자!

- 선생님은 만화 영화 일부를 화면으로 공유하고, 성우들의 목소리 연기를 살펴봐요. "〈검정고무신〉 주인공의 마음을 전문 성우들이 어떻게 연기하는지 목소리를 잘 들어 봅시다."
- 목소리 연기를 하는 방법을 알아봐요. "인물의 성격, 마음, 이야기 상황, 목소리 크기, 높낮이, 톤 등을 생각하며 표현해야 해요."

▶ **화면 공유**

준비한 만화 영화 장면을 공유해서 함께 봐요.

⓶ 더빙 도전 시작!

- 선생님은 만화 영화 동영상 파일(또는 링크)을 학생들에게 전송해요.
- 소회의실에 모둠별로 들어가서 인물 역할을 나눠요. 영상을 음소거하여 모둠별로 목소리 연기 연습을 해요.

▶ **파일 전송**(또는 채팅)

만화 영화 영상 파일을 전송하거나 채팅을 통해 공유해요.

▶ **소회의실/화면 공유**

한 친구가 동영상 파일이나 링크를 화면 공유해요.

⓷ 나도 이제 더빙의 고수?!

- 메인 세션으로 나와 모둠별로 더빙에 도전해요. 모둠별로 어떻게 목소리 연기가 다른지 감상해요.

▶ **화면 공유**

선생님은 공유한 만화 영화를 음소거해요.

4. 이렇게 활용할 수 있어요

- 국어 교과에서 만화 영화가 나오는 지문, 실감 나게 말하기 활동 등과 연계하여 수업해요.

- 만화 영화와 목소리 연기가 딱딱 들어맞지 않아도 괜찮아요. 역할에 맞게 실감 나게 목소리 연기하는 데에 집중하도록 안내해요.
- 더빙할 장면을 선택할 때 대사 속도가 빠르거나 대사가 많은 부분은 고르지 않는 게 좋아요.
- 전송한 동영상 파일은 저작권을 침해하지 않도록 수업 후 모두 삭제하기로 약속해요.

7. 이야기 인터뷰 놀이

"주인공을 이 자리에 모셨습니다! 박수~!"

이야기 속 주인공들이 온라인에 접속했다고? 몰입감 최고의 인터뷰 놀이를 온라인으로 더 즐겁게 할 수 있어요. 이야기의 주인공이 되어 질문을 주고받으며 의사소통 역량을 길러 보아요.

주요 기능: 프로필 편집, 파일 전송   추천 학년: 3~6학년   추천 과목: 국어

1. 줌 zoom 수업 흐름 엿보기

1단계	2단계
인터뷰할 등장인물 뽑기	등장인물 인터뷰하기

2. 줌 zoom 수업 맞이하기

사전 활동: 학생들과 이야기 한 편을 읽어요.

사전 과제: 함께 읽은 이야기 속 등장인물에게 하고 싶은 질문을 생각해 와요.

선생님 준비물: 등장인물(2~3명) 사진 파일. 예) 별주부전: 자라, 토끼, 용왕님 사진

3. 줌 zoom 수업 속으로 들어가기

이야기 속 등장인물로 변신!

- 2~3명 등장인물 역할을 할 학생들을 뽑아요.
  예) 토끼, 자라, 용왕
- 뽑힌 학생은 프로필 사진을 등장인물 사진으로 변경해요.
  비디오 중지를 눌러 화면에 등장인물 사진이 나오게 해요.

이야기 인터뷰 놀이

- 학생들은 등장인물 학생에게 하고 싶은 질문을 해요.
  "토끼야! 자라가 간을 달라고 했을 때 기분이 어땠어?"
- 등장인물 학생은 친구의 질문을 듣고, 등장인물이 되어
  대답해요.

▶ 파일 전송/프로필 편집/비디오 중지

선생님은 채팅창에 등장인물 사진 파일을 전송해요. 등장인물로 뽑힌 학생은 파일을 받고 프로필 사진을 변경해요. 이때, 비디오는 중지해야 해요.

▶ 갤러리 보기

전체 학생을 보며 질문할 학생을 지목해요.

▶ 추천 비디오

발표 학생을 추천 비디오로 설정하면 다른 학생들이 발표에 집중할 수 있어요.

4. 이렇게 활용할 수 있어요

- 전 학년 국어 교과에 있는 다양한 이야기를 활용할 수 있어요.
- 5~6학년 연극 수업 사전 활동으로 추천해요.

- 등장인물에게 하고 싶은 질문을 채팅으로 쓰고, 등장인물 학생이 질문을 고를 수도 있어요. 채팅은 고학년 학생들에게 추천해요.
- 학생들은 선생님께 파일을 채팅으로 전송 받는 법, 프로필 사진 바꾸는 방법 등을 미리 익혀야 해요.

8. 이 직업이 뭐게? 릴레이로 그려 봐!

"어, 저거 청진기 그린 건가? 의사! 정답은 의사야!"

놀이로 재미있게 알아보는 다양한 직업! 친구들이 직업을 나타내는 사물을 릴레이로 이어 그리면 다른 친구들이 어떤 직업인지 맞히는 놀이예요. 온라인 진로 활동으로 친구들과 의사소통 역량을 키워 봐요.

릴레이 그림 그리기

주요 기능: 화이트보드 공유, 주석   추천 학년: 3~6학년   추천 과목: 창체(진로), 미술, 실과

1. 줌 zoom 수업 흐름 엿보기

1단계	2단계	3단계
직업을 나타내는 사물 정하기	모둠 협동 릴레이 그리기	직업 맞추기

2. 줌 zoom 수업 맞이하기

선생님 준비물: 직업을 나타내는 사물 예시 2~3가지
예) 요리사: 앞치마나 프라이팬, 화가: 스케치북이나 물감 등

3. 줌 zoom 수업 속으로 들어가기

⓵ 이 직업엔 이거!

• 소회의실에서 모둠별로 직업 종류 한 가지와 직업을 나
타내는 사물 한 가지를 정해요.
예) 직업: 의사, 직업을 나타내는 사물: 청진기
• 직업을 나타내는 사물(청진기)을 릴레이로 그리기 위
해 유의해야 할 사항을 이야기해요.

▶ 소회의실
모둠별 학생 수는 3~4명이 적당해요.

⓶ 짠~! 한 획씩 함께 만든 그림

• 메인 세션으로 돌아와 화이트보드를 공유해요. 규칙에
맞게 모둠별로 직업 릴레이 그림을 그려요.
– 한 명씩 돌아가면서 '한 획씩' 그려요.
– 한 친구가 사물의 일부를 끊지 않고 그리면, 다른 친
구가 이어서 일부를 그려요.

▶ 화이트보드 공유/주석
화이트보드를 화면 공유한 뒤, 모둠에
서 한 명씩 주석(펜)으로 이어 그려요.

⓷ 정답을 외쳐라!

• 다른 모둠 학생들은 그림을 보고 정답이 떠오르면 채팅
창에 정답을 써요.
• 다른 모둠 릴레이 그림 발표를 이어 가요.

▶ 채팅
채팅창에 정답을 써요.

• 직업을 가진 사람(선생님, 간호사)을 그리지 않도록 안내해요.
• 혼자서 한 번에 다 그리지 않고, 모둠원이 협동하여 모두가 조금씩 그림을 그
려야 해요.

9. 30년 뒤 동창회

"30년 뒤 동창회에서 우리 모두 만난다면?!"

각자 꿈을 이루고 만난, 30년 뒤 우리 반 동창회 모임. ㅇㅇ이는 결국 영화감독이 되었구나! ㅇㅇ이는 애가 셋이야? 평범한 장래희망 소개 수업은 가라! 미래 상상 동창회에 함께 모여 의사소통 역량을 키우는 신개념 온라인 진로 활동이에요.

주요 기능: 가상 배경, 이름 바꾸기   추천 학년: 4~6학년   추천 과목: 창체(진로), 실과

1. 줌 zoom 수업 흐름 엿보기

1단계	2단계	3단계
미래 동창회 준비하기	미래 동창회 인사하기	미래 동창회 이야기 나누기

2. 줌 zoom 수업 맞이하기

사전 활동: 나의 30년 뒤 모습을 충분히 생각할 수 있도록 일주일 정도 시간을 주세요.

학생 준비물: 나의 30년 뒤 모습을 나타내는 사진 파일(가상 배경용)과 소품 1~2가지. 예) 축구선수인 경우, 축구 경기장 사진과 축구공/영화감독인 경우, 영화 무대 시상식장 사진과 트로피

3. 줌 zoom 수업 속으로 들어가기

① 타임머신을 타고~ 30년 뒤 동창회로!

- 선생님은 30년 뒤 동창회를 하는 가상 상황을 이야기해요. "우리는 이제 30년 뒤 모습으로 만날 거예요!"
- 학생들은 준비한 사진을 가상 배경으로 설정하고, 준비한 소품을 들어요. 예) 사진, 소품 (학생 준비물 참고)

▶ 가상 배경

미래의 자기 모습을 나타내는 사진으로 설정해요.

② 반갑다! 친구야!

- 학생들은 이름 바꾸기로 나의 30년 뒤 직업을 적어요. 예) 영화감독 김○○
- 선생님은 30년 뒤 학생들의 모습을 돌아가면서 이야기해 줘요. "○○이는 영화감독이 되어 시상식 무대에 있구나!"

▶ 이름 바꾸기

30년 뒤 친구의 직업을 알 수 있어요.

▶ 추천 비디오

선생님이 소개하고자 하는 학생을 추천 비디오로 설정해요.

③ 동창회 수다타임

- 학생들은 미래의 모습으로 서로 근황 토크를 해요.
"지금 만들고 있는 영화가 뭐야?"
"소아과 의사를 하면서 가장 보람 있었던 일은 뭐야?"

▶ 갤러리 보기

진짜 동창회에 온 것처럼 왁자지껄 유쾌한 분위기를 느낄 수 있어요.

4. 이렇게 활용할 수 있어요

- 후속 활동으로 50년 뒤 동창회를 열어 제2의 직업 혹은 제2의 인생을 상상하여 소개할 수 있어요.

zoom ▶ 꿀팁
- 직업 소개보다는 학생들의 활발한 의사소통에 초점을 맞춘 수업이에요.
- 시간이 충분하다면 30년 뒤 모습을 학생들이 직접 소개해도 좋아요.
- 실제 동창회처럼 자유롭게 이야기를 나눌 수 있도록 해 주세요. 조금 소란스럽지만, 아이들이 즐거워해요. 선생님은 한 번도 이야기하지 못한 학생들에게 말할 기회를 주세요.

의사
소통

심미적
감성

창의적
사고

난이도 ★ ★   소요 시간 60~80분

10. 풍속화 속으로 풍덩

"타임머신 타고 조선 시대로 출발~!"

타임머신 타고 조선 후기 서민들의 삶으로 가 볼까? 김홍도의 풍속화 작품으로 온라인 역할극을 해요. 풍속화 이야기를 만들고 역할극을 해 보면서 의사소통 역량을 길러 보아요.

주요 기능: 주석, 파일 전송   추천 학년: 4~6학년   추천 과목: 미술, 사회, 국어

1. 줌 zoom 수업 흐름 엿보기

1단계	2단계	3단계
풍속화 살펴보기	풍속화 역할극 만들기	역할극 발표하기

2. 줌 zoom 수업 맞이하기

선생님 준비물: 김홍도의 〈서당〉, 〈무동〉, 〈씨름〉 등 사진 파일, 작품 해설 예시

예) 〈씨름〉 이야기: 오늘은 단옷날입니다. 엿장수의 엿 파는 소리, 크게 울려 퍼지는 사물놀이까지 마을이 온통 축제 분위기랍니다. 윗마을과 아랫마을의 자존심이 걸려 있는 씨름 대결이 기다리고 있네요. 긴장된 표정의 선수들 모습이 보여요.

3. 줌 zoom 수업 속으로 들어가기

🕐 타임머신을 타고 조선 후기로~
- 풍속화 3~4개를 보여 주고 이야기를 나눠요.
  예) 풍속화 (선생님 준비물 참고)
  "〈무동〉에서는 지금 어떤 음악이 흘러나오고 있을까요?"
- 선생님은 풍속화 작품 사진 파일을 채팅으로 전송하고, 작품 하나당 1~2개 모둠을 배정해 줘요.

🕑 풍속화 속으로 풍덩!
- 소회의실에 모둠별로 들어가 풍속화 속 인물 역할을 정해요. 예) 〈서당〉: 해설가, 울고 있는 아이, 훈장님, 공부하는 학생 등
- 모둠원끼리 어떤 이야기를 담을지 상의하고, 작품 사진에 자기가 맡은 인물의 대사를 적어 봐요.
  예) 이야기 (선생님 준비물 참고)

🕒 풍속화 꾸러기 연극단
- 메인 세션으로 돌아와 모둠별로 풍속화 역할극을 발표해요. 선생님은 작품 사진을 화면 공유하여 보여 줘요. "레디~ 액션!"
- 역할극이 끝나면 풍속화 속 등장인물이 되었던 소감을 발표해요.

▶ 화면 공유
작품 사진을 공유하여 함께 봐요.

▶ 파일 전송
사진 담당 학생을 정해 사진을 저장해 놓도록 해요.

▶ 소회의실
▶ 화면 공유/주석
사진 담당 학생이 선생님께 받았던 사진을 화면 공유하여 모둠원이 함께 봐요. 주석(텍스트)을 활용하여 대사를 적어요.

▶ 화면 공유/비디오 중지/참가자 숨기기
학생들은 병렬 모드를 선택하여 작품 사진과 발표 모둠을 나란히 볼 수도 있어요. 발표하지 않는 학생들은 비디오 중지와 참가자 숨기기를 눌러야 해요.

ZOOM ▶ 꿀팁
- 풍속화 역할극에 필요한 소품을 즉석에서 준비해도 좋아요.
- 작품 하나당 2개 모둠씩 맡아 서로 만든 다른 이야기를 비교해 볼 수도 있고, 모둠별로 서로 다른 작품을 맡아 함께 다양한 작품을 감상할 수도 있어요.
- 학년별 수준에 맞게 수업을 진행해요. 5~6학년은 해설부터 역할극까지 학생들이 만들고, 3~4학년은 이야기 해설을 선생님이 제시해 줘요.

11. "간장 공장 공장장은~" 아나운서 오디션

"간장 공장 공장장은 강 공장장… 에렐베베베베!"

"아야어여오요우유으이!" 가볍게 입 운동으로 시작해서 릴레이로 잰말 놀이에 도전해요. 발음 연습도 하고, 서로 웃긴 발음에 배꼽 빠지게 하하 호호 깔깔! 간단한 학습 자료로 아이들의 의사소통 역량을 키울 수 있어요.

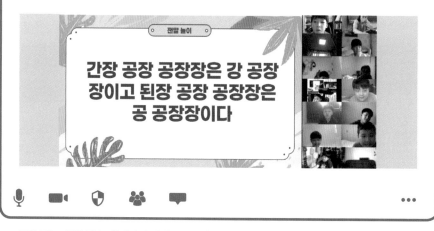

주요 기능: 파일 전송, 참가자 숨기기   추천 학년: 4~6학년   추천 과목: 국어, 창체(진로)

1. 줌 zoom 수업 흐름 엿보기

1단계	2단계	3단계
잰말 놀이 준비 운동하기	잰말 놀이 연습하기	잰말 놀이 릴레이 대결

2. 줌 zoom 수업 맞이하기

선생님 준비물: 잰말 놀이 예시 10~15개 파일(인터넷에 잰말 놀이 검색)
예) 체다치즈를 최고 많이 먹은 최다은이 체다치즈 먹기 대회 최다 우승자이다.

3. 줌 zoom 수업 속으로 들어가기

① "아에이오우" 입을 풀어라!
• 선생님은 잰말 놀이 예시 10~15개를 난이도를 표시
하여 보여 주고 따라해 봐요. 예) 난이도 '하': 내가 그
린 기린 그림은 긴 기린 그림이냐, 그냥 그린 기린 그림
이냐?

② 깔깔깔깔~ 우리나라 말 맞지?
• 선생님은 잰말 놀이 파일을 채팅으로 전송하고, 모든
학생은 파일을 받아 열어요.
• 소회의실에 모둠별로 들어가 말하는 순서를 정하고, 릴
레이로 틀리지 않도록 연습해요.

③ 꼬마 아나운서 오디션
〈놀이 방법〉
1. 모둠별로 대결해요.
2. 자기 순서가 오면 원하는 잰말을 선택하고, 발음이 틀
리면 다음 친구에게 순서가 넘어가요.
3. 제한 시간 안에 정확한 발음으로 잰말 문장을 가장 많
이 완성한 모둠이 승리!

▶ 화면 공유
잰말 놀이 예시가 있는 파일을 화면
공유해요.

▶ 파일 전송
소회의실에 들어가기 전에 파일을 보
내요.

▶ 소회의실

▶ 비디오 중지/참가자 숨기기/음소거
발표하지 않는 모둠은 비디오 중지를
한 후, 참가자 숨기기를 누르면 발표
모둠만 화면에 보여요. 다른 학생들
은 음소거를 해요.

4. 이렇게 활용할 수 있어요

• 잰말 놀이 자료를 다양한 방법으로 바꿔서 할 수도 있어요.
  - 한 사람씩 3개 잰말 놀이 카드를 읽고, 제일 빠르고 정확하게 읽는 사람 뽑기
  - 잰말 놀이 카드를 가장 많이 정확하게 읽는 사람 뽑기

zoom ▶ 꿀팁
• 발음이 틀렸다고 비난하거나 놀리지 않기로 다짐하고 수업을 시작해요.
• 난이도나 통과 횟수에 따라 점수를 다르게 해서 대결을 진행해도 재미있어요.

난이도 ★★   소요 시간 50~60분

12. 꼬마 명탐정! 수국의 비밀을 파헤쳐라!

"온라인으로 실험을 한다고? 마법의 약으로 파헤치는 수국의 비밀!"

분홍색, 파랑색, 보라색…. 형형색색 아름다운 수국! 여름이면 사람들의 마음을 몽글몽글하게 만들어 줘요. 수국 색 속에 숨겨진 비밀을 파헤치며, 실험과 토의를 통해 의사소통 역량을 키우는 과학 활동이에요.

주요 기능: 추천 비디오, 소회의실   추천 학년: 3~6학년   추천 과목: 과학

1. 줌 zoom 수업 흐름 엿보기

1단계	2단계	3단계
수국 꽃 색의 비밀 생각하기	지시약 온라인 실험하기	색이 다른 이유 추리하기

2. 줌 zoom 수업 맞이하기

선생님 준비물: 여러 색깔의 수국 사진(분홍, 파랑, 보라), 양배추 지시약, 시험관, 비커, 스포이트, 산성 액체(묽은 염산, 레몬즙, 식초), 염기성 액체(수산화나트륨, 석회수, 유리 세정제)

3. 줌 zoom 수업 속으로 들어가기

① 수국 꽃 색의 비밀

• 여러 색깔의 수국 사진을 보여 주며 꽃의 색깔이 다른 이유를 물어봐요. "같은 씨앗을 심었는데 왜 꽃의 색깔이 다를까요?"

▶ 화면 공유

여러 색깔의 수국 사진을 보며 다양한 생각을 나눠요.

② 마법의 약과 여러 가지 액체 만나기

• 과학자의 기초 탐구 방법 중 '추리'를 이용하여 실험을 진행해요.
• 여러 가지 산성, 염기성 액체에 양배추 지시약을 넣으면서 색깔을 관찰해요.
• 변한 색깔을 기준으로 여러 가지 액체를 분류하며 실험 결과를 공책에 정리해요.

▶ 추천 비디오

선생님을 추천 비디오로 하면 실험을 생생하게 볼 수 있어요.

③ 명탐정 추리! 찾아라~ 수국의 비밀!

• 소회의실 모둠별 토의로 수국의 비밀을 파헤쳐요. "우리가 했던 실험을 통해 수국의 색이 다른 이유를 추리해 보세요."
• 선생님은 소회의실을 순회하면서 추리에 어려움을 겪는 모둠에 힌트를 줘요.

▶ 소회의실

선생님은 순회 지도하며 학생들을 도와줘요.

• 양배추 지시약이 산성과 염기성에 의해 색깔이 변화는 과정을 보면서 수국도 토양의 성질(산성, 염기성)에 따라 색이 다르게 나타난다는 사실을 알아보도록 해요.
• 5학년은 과학 교과의 「산성 및 염기성」 단원 3, 4, 6학년은 「과학자의 기초 탐구 방법 '추리'」와 연계하여 수업할 수 있어요.

13. 캐릭터 모두 모여 모여!

<어벤져스>의 헐크, 알라딘과 재스민 공주, 곰돌이 푸우, 미니언즈가 한곳에 모인다면?

곰돌이 푸우! 너는 무얼 좋아하니? 난 꿀을 좋아해!… 동심의 세계로 푹 빠져 봐요! 영화, 만화, 동화 속 캐릭터가 한 자리에 모여 상상 속 이야기를 펼쳐요. 내가 좋아 하는 캐릭터로 변신해서 자유롭게 이야기를 나누면서, 의사소통 역량을 길러요.

주요 기능: 가상 배경, 소회의실　　추천 학년: 4~6학년　　추천 과목: 국어

1. 줌 zoom 수업 흐름 엿보기

1단계	2단계
내가 좋아하는 캐릭터로 변신하기	다양한 캐릭터가 만나 이야기하기

2. 줌 zoom 수업 맞이하기

학생 준비물: 내가 좋아하는 캐릭터의 소품과 복장 또는 가상 배경용 사진 파일

예) 곰돌이 푸우: 머리 양쪽으로 묶고 빨간 티, 미니언즈: 노란색 옷, 선글라스, 슈퍼맨: 빨간 망토 등

3. 줌 zoom 수업 속으로 들어가기

변신! 캐릭터 세상

• 학생들은 내가 좋아하는 캐릭터로 이름과 가상 배경을 바꾸고, 간단한 소개를 해요. (학생 준비물 참고) "안녕?! 나는 꿀을 좋아하고 항상 행복을 추구하는 곰돌이 푸우야!", "안녕? 나는 세상의 정의로움을 지키려고 노력하는 슈퍼맨이야!"

모여 모여~ 캐릭터 세상

• 선생님은 소회의실에 학생들을 8~9명씩 배정해요.

• 다양한 캐릭터들이 모여 자유로운 분위기에서 이야기를 나누어요. "나는 알라딘이야! 너희들의 소원을 들어줄게! 소원을 말해 봐~ 내 친구 지니가 도와줄 거야!", "나는 톰! 제리 녀석이 나를 괴롭히지 않게 도와줘."

• 일정 시간이 지나면 소회의실을 다시 배정하여 다양한 캐릭터들이 만나도록 해요.

▶ 가상 배경

캐릭터와 어울리는 가상 배경을 설정하면 훨씬 더 실감나게 연출할 수 있어요.

▶ 이름 바꾸기

이름을 캐릭터로 변경해요.

예) 곰돌이 푸우 김○○

▶ 소회의실

일정 시간이 지난 후, 소회의실 학생들을 다시 배정해 줘요.

4. 이렇게 활용할 수 있어요

• 5, 6학년 연극 수업과 연계하여 가상 역할극을 해요.

• 세계 유명한 인물(트럼프 대통령, 축구 선수, 유명 가수 등)로 바꿔 역할극을 할 수 있어요.

• 역사 수업에서 조선 시대 인물(세종, 김홍도, 장영실 등)로 바꿔 단원 정리를 할 수도 있어요.

• 많은 학생이 만날 수 있도록 소회의실 '자동' 배정을 2~3번 정도 해요.

14. 온라인 아나바다 경매 놀이!

"9만 원? 9만 원? 더 없습니까?
아, 10만 원 나왔습니다! 10만 원 낙찰~!"

나에게 필요 없는 물건이 누군가에겐 꼭 필요하다면?! 아껴 쓰고! 나눠 쓰고! 바꿔 쓰고! 다시 쓰는! '아나바다'를 온라인 수업에서 해 봐요. 경매 놀이로 경제도 배우고, 친구 물건도 사고, 의사소통 역량도 쑥쑥!

주요 기능: 이름 바꾸기, 채팅   추천 학년: 4~6학년   추천 과목: 사회, 수학, 실과

1. 줌 zoom 수업 흐름 엿보기

1단계	2단계	3단계
내가 팔 물건 소개하기	아나바다 경매 놀이	아나바다 경매왕 뽑기

2. 줌 zoom 수업 맞이하기

학생 준비물: 나에게는 필요 없지만, 친구들이 유용하게 쓸 수 있는 물건을 골라 경매 물품을 준비해요. 예) 인형, 학용품, 책, 옷, 장난감 등

3. 줌 zoom 수업 속으로 들어가기

⓵ 딩~동 경매를 시작합니다!

• 모든 학생에게 예산 10만 원을 줘요.
• 먼저 한 학생이 경매 물건을 간단히 소개해요.
"이 인형은 제주도에서 산 건데, 나보다 더 예쁘게 돌봐 줄 사람한테 줄 거예요."

⓶ 띵띵띵! 낙찰되었습니다!

• 다른 학생들은 친구의 물건 소개를 듣고 사고 싶은 물건일 경우, 지불하고자 하는 금액을 채팅에 적어요.
• 경매 놀이 형식처럼 차차 가격이 올라가며 가장 높은 가격을 부른 사람에게 낙찰돼요. 물건을 낙찰받은 학생은 남은 잔액을 이름 옆에 써요. (김ㅇㅇ 잔액 4만 원)

⓷ 나는야 아나바다 경매왕

• 다른 학생들도 번갈아 하며 물건을 제일 비싸게 낙찰시킨 학생을 '경매왕'으로 선정해요.
• 친구의 물건을 가지게 된 소감을 이야기하고, 등교 수업 때 물건을 줘요.

▶ 추천 비디오

발표 학생을 추천 비디오로 설정해요.

▶ 채팅

10만 원 예산 안에서 내가 지불하고 싶은 액수만큼 적어요.

▶ 이름 바꾸기

이름 바꾸기 기능으로 남은 잔액을 이름 옆에 써요.

▶ 갤러리 보기

모두 한 공간에 모여 소감을 이야기해요.

4. 이렇게 활용할 수 있어요

• 내가 중요하게 생각하는 가치를 경매 놀이를 통해 소개할 수 있어요.
• 선생님의 애장품 경매 놀이로 변경하여 학급 이벤트 활동으로 활용할 수 있어요.
• 역사 유물을 소개하고 경매 놀이를 통해 최고 가치를 가진 유물을 정해 보는 활동도 가능해요.

• 가지고 있는 예산 10만 원 안에서 물건을 여러 개 살 수 있습니다.
• 모든 학생이 물건을 팔아야 하므로 3회에 걸쳐 수업을 진행하면 좋아요.
• 수학 수업과 연계하여 예산 단위를 100포인트 또는 100만 원 등으로 바꾸고, 덧셈과 뺄셈을 익힐 수 있어요.

줌zoom 수업에서
공동체 역량을 길러 '줌'

1. 마음아, 통해라! 얍!

"크리스마스 하면 떠오르는 것은?
하나, 둘, 셋! 산타, 산타, 산타⋯ 아, 루돌프⋯ (탄식)"

이게 뭐라고 이렇게 떨리지? 질문을 듣고 모둠 친구들 전부 같은 단어를 쓰면 성공! 쉽고 간단하게 서로의 생각을 알아보며 공동체 역량을 길러 보아요. 마음이 전부 통했을 때 차오르는 감동은 덤!

주요 기능: 이름 바꾸기   추천 학년: 1~6학년   추천 과목: 창체(자율)

1. 줌 zoom 수업 흐름 엿보기

1단계	2단계	3단계
주제 제시하기	떠오르는 단어 쓰기	모둠원 모두 같은 단어인지 확인하기

2. 줌 zoom 수업 맞이하기

학생 준비물: 미니 화이트보드(또는 종이), 보드마커
선생님 준비물: 제시어 5~6개
예) 크리스마스, 여름, 대한민국, 우리 학교에서 가장 멋있고 예쁜 선생님, 올림픽 종목

3. 줌 zoom 수업 속으로 들어가기

⓵ ~하면 생각나는 단어는?
• 모둠을 나누고, '이름 바꾸기'를 해요.
 예) 1모둠 김○○
• 선생님은 주제를 말해 줘요.
 "크리스마스 하면 생각나는 단어는?"

⓶ 두근두근! 뭐라고 쓰지?
• 학생들은 떠오르는 단어 한 가지를 생각해서 각자 미니 화이트보드에 써요. 모둠원이 모두 같은 단어를 쓰면 점수를 얻는다고 알려 주세요.
 예) 크리스마스: 산타, 루돌프 등

⓷ 통해라~ 얍!
• 함께 "통해라~얍!"을 외치면서 미니 화이트보드를 공개해요. 모둠원은 자기 모둠이 모두 같은 단어를 썼는지 확인해 보고, 모두 같다면 점수를 얻어요.
• 다음 제시어를 반복하며 놀이를 해요.

▶ **이름 바꾸기**
이름을 바꿔 모둠을 구별해요.

▶ **갤러리 보기**

▶ **갤러리 보기**
모둠원들이 눈빛을 주고받는 모습이 재미있어요.

▶ **갤러리 보기**
미니 화이트보드를 화면 가까이 보여 줘요.

4. 이렇게 활용할 수 있어요

• 동작을 취하는 놀이로 변경할 수 있어요. 예) 수영, 볼링, 야구, 코끼리
• 초성 맞추기로 변경할 수 있어요. 예) 학교: ㅎㄱ, 담임선생님 이름 홍길동: ㅎㄱㄷ

zoom ▶ 꿀팁
• 처음에 시작할 때 "우리 학교에서 가장 멋지거나 예쁜 선생님(정답: 담임선생님)"으로 문제를 내서 분위기를 띄워 보세요.
• 한 친구가 다른 단어를 써서 모둠 점수를 얻지 못해도 서로 원망하지 않도록 놀이 전에 지도해 주세요.
• 새로운 모둠을 구성했을 때, 모둠원끼리 친해지는 활동으로 좋아요.

난이도 ☆   소요 시간 40~50분

2. 우리 반 장점 파도타기

"우리 반이 자랑스러워!"

몰랐구나? 우리 반이 이렇게 좋은 반이라는 거! 평소 생각하지 못했던 우리 반의 장점을 하나하나 찾아봐요. 생각할수록 넘쳐 나는 우리 반의 장점들을 이야기 나누다 보면, 어느새 우리 모두의 얼굴에 뿌듯함이! 공동체 역량이 저절로 길러져요.

주요 기능: 화이트보드, 반응   추천 학년: 4~6학년   추천 과목: 도덕, 창체(자율)

1. 줌 zoom 수업 흐름 엿보기

1단계	2단계	3단계
장점 찾는 방법 알아보기	우리 반 장점 목록 만들기	우리 반 장점 찾기 릴레이 발표

2. 줌 zoom 수업 맞이하기

사전 과제: 우리 반 장점 2~3가지를 생각해 와요.

3. 줌 zoom 수업 속으로 들어가기

① 장점을 말할 땐 이렇게!

- 먼저, 선생님이 시범으로 우리 반의 장점을 3~4가지 이야기해요. "우리 반 친구들은 온라인 수업에 지각하지 않는 책임감을 갖췄어요."
- 장점을 찾는 방법을 알아봐요.
  예) 도움을 준 일이나 닮고 싶은 점 찾기

▶ 추천 비디오
선생님을 추천 비디오로 설정하면 다른 학생들이 선생님에게 집중할 수 있어요.

② 장점은 넘치고 넘쳐!

- 선생님은 화이트보드를 띄우고, 학생들은 생각해 온 우리 반의 장점을 한 가지 정도 적어 봐요.
  예) 우리 반 친구들은 인사를 잘해요.
- 선생님은 우리 반 친구들이 찾은 장점 목록 중 구체적으로 쓴 좋은 예시를 몇 가지 이야기해 줘요.

▶ 화이트보드 공유/주석
주석은 텍스트 기능을 활용해요.

③ 신난다! 장점 파도타기~

- 학생들은 차례대로 우리 반의 장점을 구체적인 상황과 함께 이야기해요.
  예) 온라인 수업에서 기능을 모를 때 친구들이 친절하게 알려주고 기다려 줬어요.
- 다른 친구들은 '반응(엄지, 박수)' 기능으로 발표 학생의 의견에 동감을 표시하고, 모든 학생이 끝날 때까지 이어 가요.

▶ 추천 비디오
발표 학생을 추천 비디오로 설정하면 다른 학생들이 발표에 집중할 수 있어요.

▶ 반응
엄지 또는 박수로 동감하는 의견에 표시해요.

- 우리 반 장점을 찾을 때 상황을 기억하여 최대한 구체적으로 찾을 수 있도록 지도해 주세요.
- 화이트보드로 장점을 쓸 때, 학생들이 쓴 좋은 장점 예시를 짚어 줘요.
- 장점 파도타기를 할 때 '반응' 기능을 사용하면 어떤 의견에 학생들이 많이 동감하는지 서로 알 수 있어요.

3. 온라인 학급 회의

"지금부터 온라인 학급회의를 시작하겠습니다."

온라인으로 학급 회의하는 시대가 왔다! 멀리 떨어져 있어도, 학급을 위하는 마음은 하나! 오프라인보다 업그레이드된 여러 기능으로 편하고 즐겁게 회의해요. 채팅으로 의견을 말하고, 주석으로 스탬프 투표하다 보면 어느새 공동체 역량이 쑥쑥!

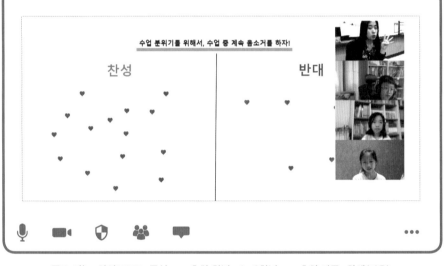

주요 기능: 화이트보드, 주석   추천 학년: 4~6학년   추천 과목: 창체(자율)

1. 줌 zoom 수업 흐름 엿보기

1단계	2단계	3단계
학급 회의 안건 정하기	해결 방법 토의하기	학급 회의 실천 다짐하기

2. 줌 zoom 수업 맞이하기

사전 과제: 한 주 동안 학급에서 좋았던 점, 아쉬웠던 점, 바라는 점 등을 생각해 와요.

3. 줌 zoom 수업 속으로 들어가기

① 온라인에서 학급 회의를?!
- 한 주간 학급에서 좋았던 점, 아쉬웠던 점, 바라는 점에 대해 채팅으로 자유롭게 쓰고, 몇 명 학생의 이야기도 들어 봐요.
- 학급 회의 안건을 함께 정하고 이야기를 나눠요.
  "우리 반 친구들이 바라는 점으로 '온라인 수업 시간에 대화 예절 지키기'를 써 주었군요. 이 문제를 어떻게 해결하면 좋을까요?"

② 더 나은 우리 반을 위하여!
- 선생님은 화이트보드를 공유하고, 학생들은 해결 방법을 자유롭게 써요.
- 결정해야 하는 사항이 있는 경우, 선생님은 구역을 나눠 정리해 주고, 학생들은 스탬프로 투표해요.
  "수업 중 모든 학생이 계속 음소거를 하고 있을지 말지 찬성과 반대로 투표해 주세요."

③ 우리가 정한 건 우리가 실천해!
- 한 주 동안 회의에서 결정한 대로 서로 실천할 것을 약속하고, 학급 회의 소감을 나눠요.

▶ 채팅
의견을 정리해서 쓰도록 안내해요.

▶ 추천 비디오
발표 학생을 추천 비디오로 설정하면 다른 학생들이 발표에 집중할 수 있어요.

▶ 화이트보드 공유/주석
주석은 텍스트 기능을 활용하고, 글자 크기를 미리 약속해요. 투표할 때 선생님은 화이트보드를 찬성, 반대로 구역을 나누고, 학생들은 스탬프를 한 번만 찍기로 약속해요.

▶ 추천 비디오
발표 학생을 추천 비디오로 설정하면 다른 학생들이 발표에 집중할 수 있어요.

4. 이렇게 활용할 수 있어요

- 국어 교과 「토의, 토론」 단원에서 활용할 수 있어요.

- 학급회의 안건은 학생들이 학급에 '바라는 점'에 대해 쓴 것을 참고하여 정해요.
- 안건을 낸 학생들의 이야기를 자세히 들어 보면 좋아요. 예) 왜 이 안건을 냈나요? 이 문제가 해결되지 않으면 어떤 어려움이 있을까요? …
- 찬반 투표가 있는 경우, 찬성과 반대의 이유를 사전에 충분히 이야기해요.

난이도 ★ ★   소요 시간 30~40분

4. 후다닥! 사자성어 찾기

"청출어람? 청, 청! 어디 있어? '청' 자가 들어간 물건!"

사자성어를 이렇게 스릴 넘치게 공부한다고? 이렇게 배운 사자성어를 어떻게 잊어버리겠어! 집안 곳곳에 숨어 있는 물건들을 찾아 다른 모둠보다 빨리 사자성어를 완성하는 놀이! 모둠 친구들과 함께 협동하면서 공동체 역량도 기르고, 신나게 사자성어도 공부해요.

주요 기능: 비디오 중지/시작   추천 학년: 3~6학년   추천 과목: 국어

1. 줌 zoom 수업 흐름 엿보기

1단계	2단계	3단계
사자성어 제시하기	해당 글자 물건 찾아오기	사자성어 풀이하기

2. 줌 zoom 수업 맞이하기

선생님 준비물: 사자성어 제시어 5~6개

예) 교학상장, 십시일반, 대동단결, 상부상조, 죽마고우, 청출어람 등

3. 줌 zoom 수업 속으로 들어가기

① 알쏭달쏭! 함께 알아보자

• 4명씩 모둠을 구성하고, 모둠별로 1번부터 4번까지 번호를 정해 줘요. 학생들은 이름 앞에 모둠명과 모둠원 번호를 써요.

예) 1모둠 2번 김○○

• 선생님이 사자성어 하나를 말해요.

예) 교학상장(선생님 준비물 참고)

② 후다닥! 함께 찾아보자

• 학생들은 자기 번호 글자가 포함된 물건을 빨리 가져와요. 예) '교학상장'이면 각 모둠 1번 학생은 글자 '교'가 들어간 물건(교과서), 3번 학생은 '상'(책상)

③ 으쌰으쌰! 함께 새겨 보자

• 먼저 사자성어를 완성한 모둠부터 각자 가져온 물건을 발표해요. 선생님이 사자성어의 뜻과 유래를 설명해요.

• 사자성어 찾기 놀이를 5~6회 한 후, 최고의 후다닥 모둠을 뽑아요.

▶ **이름 바꾸기**

모둠명과 모둠원 번호를 써서 쉽게 구별해요.

▶ **비디오 중지/시작**

화면을 끄는 동시에 물건 찾기를 시작하고, 물건을 가져오면 비디오를 켜요.

▶ **발표자 보기**

가져온 물건을 화면 가까이 보여 줘요.

• 모둠을 4명씩 나눌 수 없는 경우, 3명 또는 5명으로 나눌 수 있어요. 3명인 경우 두 글자를 한 명이 맡고, 5명인 경우 한 글자를 두 명이 맡아요.

• 집에서 찾기 어려운 글자가 포함된 사자성어는 선택하지 않는 게 좋아요.

• 글자는 물건 이름 처음, 중간, 끝 등 어디라도 들어가면 돼요.

예) '상' 글자가 들어간 물건: 상자, 책상 등

5. 속담 이구동성

"가는…! 와야…! 말…! 곱다…! 뭐라고? 뭐라고?"

네 글자 '이구동성'의 업그레이드 버전! 속담 공부가 이렇게 재미있을 수도 있나? 친구들이 동시에 외치는 소리를 듣고 속담을 맞혀 봐요. 집중력과 관찰력이 저절로 UP! 즐겁게 속담을 배우며, 공동체 역량을 길러요.

주요 기능: 파일 전송, 참가자 숨기기   추천 학년: 3~6학년   추천 과목: 국어

1. 줌 zoom 수업 흐름 엿보기

	1단계	2단계
	속담 알아보기	속담 이구동성 놀이하기

2. 줌 zoom 수업 맞이하기

학생 준비물: 미니 화이트보드(또는 종이), 보드마커

선생님 준비물: 속담 15~20개 자료 파일. 예) 가는 말이 고와야 오는 말이 곱다, 구슬이 서 말이라도 꿰어야 보배, 돌다리도 두드려 보고 건너라, 그림의 떡, 꿩 먹고 알 먹기 등

3. 줌 zoom 수업 속으로 들어가기

🟤 속담 풀이~! 이런 뜻이?!

• 선생님은 속담 15~20개 자료를 화면으로 공유하고, 학생들과 뜻을 풀이해요. 예) 가는 말이 고와야 오는 말이 곱다 등 (선생님 준비물 참고)

• 선생님은 속담 자료 파일을 학생들에게 전송해요.

🟤 속담 이구동성 놀이

〈놀이 방법〉

1. 선생님은 소회의실에 4~5명씩 배정해요.
2. 각 모둠은 선생님께 받은 속담 자료 파일에서 2~3가지 속담을 골라요.
3. 속담 이구동성 역할을 나누고, 연습해요.
   예) 4명: 가는 말이/고와야/오는 말이/곱다
4. 메인 세션으로 나와 모둠별로 돌아가면서 문제를 내요. '하나, 둘, 셋' 외치면 맡은 부분을 동시에 외쳐요.
5. 다른 학생들은 속담을 맞혀 보고, 미니 화이트보드에 정답을 써요.
6. 정답을 발표하고 각자 점수를 기록해요.

▶ 화면 공유

속담 자료를 화면으로 함께 봐요.

▶ 파일 전송

학생들은 속담 자료를 각자 저장해요.

▶ 비디오 중지/참가자 숨기기

발표하지 않는 모둠은 비디오 중지를 한 후, 참가자 숨기기를 누르면 발표 모둠만 화면에 보여요.

▶ 갤러리 보기

미니 화이트보드를 화면 가까이 들어 정답을 확인해요.

zoom ▶ 꿀팁

• 놀이 난이도를 높이고 싶다면, 모둠을 5명으로 만들어 스파이를 심을 수 있어요. 스파이 학생은 제시어와 상관없는 엉뚱한 단어를 외쳐요. 학생들은 제시어와 스파이를 동시에 맞혀야 해요.

• 줌에서는 모둠원이 말하는 타이밍을 맞추는 게 힘들지만, 타이밍이 어긋나는 상황을 재미있게 활용하면 좋아요.

6. 일회용의 변신은 무죄!

"우리는 미래의 환경운동가!"

환경 교육의 시작은 내 주변에서부터! 환경에 유해한 일회용품 사용을 줄이는 방법을 함께 고민하면서, 우리 모두 미래의 환경운동가로서 공동체 역량을 길러 보아요.

주요 기능: 소회의실, 추천 비디오　　추천 학년: 4~6학년　　추천 과목: 사회, 과학

1. 줌 zoom 수업 흐름 엿보기

1단계	2단계	3단계
집 안 일회용품 찾기	대체 가능한 물건 찾기	일회용품과 대체 용품 짝지어 발표하기

2. 줌 zoom 수업 맞이하기

사전 과제: 학생들은 일회용품이 환경에 미치는 영향 관련 다큐멘터리를 보고 와요.

예) 다큐멘터리: 〈EBS 플라스틱 인류〉, 〈플라스틱 프리즌〉 등

3. 줌 zoom 수업 속으로 들어가기

① 특명! 일회용품을 찾아라~

• 학생들은 집 안에서 보이는 일회용품을 5분 동안 두 가지씩 찾아와요.

　예) 종이컵, 아이스크림 스푼, 비닐봉지, 나무젓가락 등

② 일회용품을 변신시켜라!

• 소회의실에 모둠별로 들어가서 자기가 가져온 일회용품을 보여 줘요.

• 모둠원 발표가 모두 끝나면, 우리 집에서 친구의 일회용품을 대체할 수 있는 환경친화적인 물건을 찾아와요.

　예) 비닐봉지→에코 백, 테이크아웃 컵→텀블러

③ 샤랄랄라~! 일회용품의 변신은 무죄!

• 정해진 시간이 끝나면, 메인 세션으로 나와 모둠별로 찾아온 일회용품과 대체 용품을 짝지어 발표해요.
"일회용 컵을 텀블러, 스테인리스 컵으로 찾아왔어요."

• 대체 용품을 가장 많이 찾은 모둠을 칭찬해요.

▶ 비디오 중지/비디오 시작

화면을 끄는 동시에 물건 찾기를 시작하고, 물건을 가져오면 비디오를 켜요.

▶ 소회의실

물건을 화면에 가까이 보여 줘요.

▶ 추천 비디오

발표 학생을 추천 비디오로 설정하면 다른 학생들이 발표에 집중할 수 있어요.

• 소회의실 시간이 긴 활동이므로 선생님은 소회의실을 순회하면서 도움을 주세요.

• 일회용품이나 대체 물건을 찾을 때 위험한 곳까지 가지 않도록 지도해 주세요.
（싱크대 위, 창고 등）

• 대체할 수 있는 물건의 종류는 여러 가지일 수 있어요.
예) 일회용 컵→텀블러, 스테인리스 컵, 유리컵 등

• 대체 용품을 찾을 때 환경친화적인 물건을 찾을 수 있도록 안내해 주세요.
예) 플라스틱(X), 종이(O), 스테인리스(O) 등

• 대체 용품(에코 백, 텀블러)을 몇 번이나 사용해야 의미가 있을지 함께 생각해 보도록 알려 주세요.

7. 애국가 도전! 추억의 쟁반 노래방

"도전! 쟁반 노래방~! 동해물과 백두산이~"

긴장 백배, 성공하면 기쁨 백배! 추억의 '쟁반 노래방' 놀이를 온라인에서 더 즐겁게 할 수 있어요. 한 줄씩 맡아 전부 정확하게 가사를 부르면 모둠 도전 성공! 함께 도전하고 성공하는 과정을 통해 공동체 역량을 길러요.

주요 기능: 소회의실, 참가자 숨기기   추천 학년: 4~6학년   추천 과목: 음악

1. 줌 zoom 수업 흐름 엿보기

1단계	2단계	3단계
애국가 노래 듣기	가사 나누기 및 외우기	쟁반 노래방 도전하기

2. 줌 zoom 수업 맞이하기

선생님 준비물: 애국가 음악 플래시나 동영상. 쟁반 노래방 효과음(천둥소리 등 다양한 효과음)
학생 준비물: 숟가락

3. 줌 zoom 수업 속으로 들어가기

① 노래를 익혀♩ 익혀♪
• 애국가를 학생들과 함께 부르면서 익혀 봐요.
"오늘은 애국가를 배워 봅시다."

② 연습만이 살 길이다!
• 놀이 방법을 안내한 후, 소회의실에 학생들을 배정
해요.
 - 모둠원끼리 가사를 한 줄씩 맡기
 - 가사를 보지 않고 정확하게 부르는 연습하기

③ 도전! 쟁반 노래방
• 메인 세션으로 나와 쟁반 노래방에 모둠별로 도전해요.
자기 차례가 올 때 숟가락을 들어 마이크처럼 활용해
요. 중간에 힌트를 뽑을 수도 있어요.
예) 전곡 한 번 더 듣기 힌트 (꿀팁 참고)
• 선생님은 틀린 모둠이 있을 때 쟁반 효과음을 틀어
"땡!"을 외치고, 다른 모둠이 도전해요.

▶ 화면 공유
준비한 플래시나 동영상을 보여 줘요.

▶ 추천 비디오
소회의실에 들어가기 전에 놀이 방법
을 설명해 주세요.

▶ 소회의실
선생님은 모둠을 순회하며 지도해요.

▶ 비디오 중지/참가자 숨기기
발표하지 않는 모둠은 비디오 중지를
한 후, 참가자 숨기기를 누르면 발표
모둠만 화면에 보여요.

4. 이렇게 활용할 수 있어요

• 교가나 〈어버이 은혜〉, 〈스승의 은혜〉로도 부를 수 있어요.

---

zoom ▶ 꿀팁

• 힌트 뽑기 기회를 주면 좋아요.
 예) 전곡 한 번 더 듣기, 한 소절 다시 듣기, 부르는 순서 바꾸기 등
• 계기 교육을 할 때 활용하면 좋아요.
• 선생님은 노래 부르는 순서를 도전하기 전에 정해 줘서 난이도를 높일 수도 있
 어요. 어떤 노랫말을 부르게 될지 모르니 학생들은 노랫말을 전부 외우게 돼요.
• 쟁반 노래방에 도전할 때 선생님이 반주곡을 틀어 주면 박자에 맞게 부를 수
 있어요.

8. 점심 도시락 데이트

"거리는 멀어도, 맛있는 건 같이!"

오프라인, 온라인 상관없어! 함께 먹는 밥은 언제나 맛있거든! 내가 직접 식단 짜고, 도시락을 준비해서 온라인에서 함께 먹어요. 직접 만들어서 맛있고! 친구들과 함께 먹어서 더 맛있고! 우리 반 점심 도시락 데이트하면서 공동체 역량을 길러요.

주요 기능: 가상 배경, 소회의실　　추천 학년: 4~6학년　　추천 과목: 체육, 창체(자율)

1. 줌 zoom 수업 흐름 엿보기

1단계	2단계	3단계
5대 영양소와 식단 공부하기	균형 잡힌 식단 계획해 보기	〈과제연계〉 도시락을 준비하여 친구들과 함께 먹기

2. 줌 zoom 수업 맞이하기

학생 준비물: 음식점 사진 파일, 도시락(과제 연계)

선생님 준비물: 학교 급식 식단표

3. 줌 zoom 수업 속으로 들어가기

⓵ 식단! 그게 뭐야?

- 5대 영양소(탄수화물, 단백질, 지방, 비타민, 미네랄)와 균형 잡힌 식단을 공부해요.
"단백질은 고기, 계란, 생선 등에 많이 있어요."

⓶ 오늘만큼은 내가 영양사!

- 학생들은 화이트보드에 급식 식판을 그리고, 영양사가 되어 식단을 짜요. 이때, 학교 급식 식단표를 참고 자료로 보여 줄 수 있어요.
- 학생들은 식판 그림에 음식을 그린 후, 발표해요.
"저는 잡곡밥, 계란말이, 김치, 시금치를 그렸어요."

⓷ 〈과제 연계〉 우리 반 점심 데이트♡

- 준비 시간(일주일)을 주고, 자기가 짠 식단에 맞게 부모님과 함께 도시락을 준비해요.
- 소회의실에 들어가 가상 배경을 음식점 사진으로 설정하고, 모둠별로 서로의 도시락 메뉴를 소개하며 함께 즐겁게 먹어요.

▶ 화면 공유

선생님은 준비한 자료를 화면으로 공유해요.

▶ 화이트보드 공유

선생님이 식판 그림을 시범 보이면 좋아요.

▶ 추천 비디오

발표 학생을 추천 비디오로 설정하면 다른 학생들이 발표에 집중할 수 있어요. 발표 학생은 식판 그림을 화면 가까이 보여 줘요.

▶ 소회의실

선생님은 모둠을 순회하며 학생들과 이야기 나눠요.

▶ 가상 배경

---

zoom ▶ 꿀팁

- 메뉴를 구성할 때 학교 급식 식단표를 보며 힌트를 얻을 수 있어요.
- 가정과 연계한 학습으로 식단을 준비할 수 있는 시간을 넉넉히 주세요. 부모님과 직접 요리를 해 보면 더 좋아요.
- 계획한 식단의 영양소가 부족할 수 있으니 부모님과 함께 보충할 수 있도록 안내해 주세요.
- 소회의실에서 이야기를 나눌 때 온라인 예절을 지키도록 지도해 주세요.

9. 통일 농구 대회!

"통일과 농구의 콜라보! 통일을 향해 농구 슛~!"

통일과 농구가 수업에서 만났다고요? 너무나도 중요한 통일 문제를 농구 놀이를 하며 재미있게 배워 봐요. 남북한 준비운동으로 시작해서, 통일 메시지를 담은 다양한 농구 놀이까지! 마지막으로 통일 농구공 쪽지를 읽으며, 통일에 대한 희망을 품고 공동체 역량을 길러요.

주요 기능: 화면 공유, 갤러리 보기   추천 학년: 3~6학년   추천 과목: 도덕, 체육

1. 줌 zoom 수업 흐름 엿보기

1단계	2단계	3단계	4단계
남북한 준비운동 해 보기	통일에 대해 하고 싶은 말 적기	종이컵으로 공 던지기 놀이	통일 농구공을 펼쳐 발표하기

2. 줌 zoom 수업 맞이하기

사전 활동: 통일에 관한 내용을 미리 공부하면 좋아요.
학생 준비물: 종이(A4 사이즈) 3장, 종이컵 1개
선생님 준비물: 국민체조, 북한 업간체조 영상(Youtube 등 활용)

3. 줌 zoom 수업 속으로 들어가기

🔵 업간체조? 그게 뭐야?!
• 남한의 '국민체조'와 북한의 '업간체조'를 각각 해 보면서 준비운동을 해요.
• 북한 친구들이 하는 업간체조를 해 본 소감을 나눠요.

▶ 화면 공유
국민체조, 업간체조 영상을 재생하여 함께 봐요.

② 통일 농구공 만들기
• 종이 3장에 통일에 관해서 하고 싶은 말을 각각 쓰고, 종이를 구겨서 종이공 3개를 만들어요. 예) 통일 2행시, 남북한 친구들의 공통점, 통일의 좋은 점 등
• 우리 반 통일 농구공 골인 목표 개수를 정해요.

▶ 갤러리 보기
학생들이 종이공 만드는 모습을 볼 수 있어요.

③ 통일 농구 대회
• 학생들은 통일 농구 놀이를 단계별로 도전해요. 학생들은 각자 골인시킨 통일공만 따로 모아요.
  – 1단계: 왼손으로 공 던지고 오른손의 종이컵으로 받기
  – 2단계: 종이컵을 뒤집어 공을 올려놓은 상태로 던진 후, 종이컵 안으로 공을 받기
  – 3단계: 공을 벽에 던지고, 종이컵으로 받기

▶ 갤러리 보기
놀이하는 모습을 함께 보며 열기를 높여요.

④ 통일 농구공을 펼쳐라~!
• 골인한 통일공을 펼치고, 화면에 보여 주며 한 명씩 발표해요. "통일해서 업간체조를 북한 친구들과 함께 해 보고 싶어요!"
• 우리 반 학생들이 골인시킨 통일공의 개수를 세어 보고, 목표를 달성했는지 확인해요.

▶ 추천 비디오
발표 학생을 추천 비디오로 설정하면 다른 학생들이 발표에 집중할 수 있어요.

ZOOM ▶ 꿀팁
• 북한 학생들이 하는 '업간체조'를 해 보며 북한 문화를 자연스럽게 익혀요.
• 통일 농구공 개수, 골인 목표, 시도 횟수 등은 다양하게 정할 수 있어요.
• 통일의 좋은 점을 쓸 때 통일의 경제적 편익에 치중하지 않도록 안내해 주세요.

10. 으쌰으쌰 온라인 운동회! 1탄

"하나, 둘, 셋…. 거기 ○○아!
팔을 좀 더 벌리고 더 아래로! 그렇지!"

온라인으로 체육 활동은 하지 못할 거라는 편견은 NO! 몸도 마음도 건강하게 다 같이 체력 운동을 따라 해 봐요. 영상을 보면서 체력 요소별로 운동을 따라 하다 보면 어느새 공동체 역량도 쑥쑥!

주요 기능: 화면 공유　　추천 학년: 1~6학년　　추천 과목: 체육

1. 줌 zoom 수업 흐름 엿보기

1단계

건강 체력과
운동 체력 알아보기

2단계

체력 요소별
대표 운동 따라 하기

2. 줌 zoom 수업 맞이하기

선생님 준비물: 건강 체력 및 운동 체력 요소별 대표 운동 영상(Youtube 경상남도거제교육지원청 영상 등)

학생 준비물: 운동 매트 또는 놀이 매트

3. 줌 zoom 수업 속으로 들어가기

⓵ 체력! 척척박사

• 선생님은 건강 체력과 운동 체력의 요소 및 대표 운동을 알려 줘요. "근력은 힘을 낼 수 있는 능력으로 대표적으로 팔굽혀펴기 운동이 있어요."
  - 건강 체력: 근력, 근지구력, 심폐지구력, 유연성
  - 운동 체력: 순발력, 민첩성, 협응성, 평형성

▶ 화면 공유

준비한 자료를 보여 주며 설명해요.

⓶ 따라 해 봐~ 할 수 있어!

• 준비운동을 하고, 선생님이 보여 주는 체력 요소별 대표 운동을 5~6가지 정도 해 봐요. 예) 영상 (선생님 준비물 참고)
  - 근력 및 근지구력: 팔굽혀펴기
  - 유연성: 허리 굽혀 팔 뻗기
  - 순발력: 박수 팔굽혀펴기
  - 민첩성: 휴지 한 장을 던지고 한 바퀴 돌아 잡기

▶ 화면 공유

대표 운동 영상을 보여 주세요.

▶ 갤러리 보기

선생님은 병렬 모드를 선택하여 한쪽에 화면 공유한 영상을 놓고, 다른 한 쪽에는 학생들이 운동하는 모습을 볼 수 있게 설정할 수도 있어요.

• 층간 소음이 발생하는 대표 운동은 선택하지 않도록 해요. 학생들이 뛰지 않도록 함께 이야기를 나누고 시작해요.

• 건강 체력 및 운동 체력 요소별 대표 운동 영상 자료를 미리 준비해야 해요. Youtube에서 검색하여 링크를 준비하세요.

난이도 ★ ★   소요 시간 40~60분

11. 으쌰으쌰 온라인 운동회! 2탄

"집에서도 재미있게 운동할 수 있을까?
우리가 직접 만들면 가능해!"

모둠별로 체력 운동을 다양하고 재미있게 만들어 봐요. 우리가 직접 만든 운동을
서로 따라 하니 더 신이 나요. 몸도 마음도 건강하게! 공동체 역량을 길러요.

주요 기능: 소회의실, 기록   추천 학년: 4~6학년   추천 과목: 체육

1. 줌 zoom 수업 흐름 엿보기

1단계	2단계
모둠별 대표 운동 만들기	친구들이 만든 운동 따라 해 보기

2. 줌 zoom 수업 맞이하기

학생 준비물: 운동 매트 또는 놀이 매트

3. 줌 zoom 수업 속으로 들어가기

운동을 직접 만든다구?!

• 선생님은 모둠별로 체력 주제를 겹치지 않게 알려 주세요.

 – 건강체력: 근력, 근지구력, 심폐지구력, 유연성

 – 운동체력: 순발력, 민첩성, 협응성, 평형성

• 학생들은 소회의실에 모둠별로 들어가 대표 운동을 함께 만들고 연습해 봐요.

예) 민첩성: 바닥의 동서남북에 1~4 번호를 쓴 포스트잇을 붙이고 순서대로 터치하기

▶ 소회의실

선생님은 순회 지도를 하며 도움을 줘요.

운동회 종목으로 업그레이드!

• 소회의실에서 운동회 종목 이름과 채점 기준을 만들어요. 예) 이름: 휴지야~ 훨훨 날아라!

기준: 머리 위로 휴지가 날아야 인정

• 메인 세션에서 모둠별로 만든 운동을 발표하고, 다른 학생들은 따라 해 봐요.

▶ 소회의실
▶ 추천 비디오/기록

선생님은 발표 모둠 학생을 돌아가면서 추천 비디오로 설정해서 모두가 따라 할 수 있게 해요. 화면 기록 기능으로 발표 모둠의 운동 모습을 기록해야 해요. (운동회 3탄에서 활용)

ZOOM
▶
꿀팁

• 대표 운동을 만들 때 선생님과 했던 대표 운동(운동회 1탄 참고)을 살짝 변형해도 된다고 힌트를 주세요.

• 다양한 소품(풍선, 휴지, 포스트잇 등)을 활용하여 운동을 만들 수 있어요.

• 층간 소음이 발생하거나 무겁고 위험한 도구를 이용하는 운동은 안 된다고 알려 주세요.

• 운동회 3탄을 할 때 모둠별로 만든 운동을 처음에 따라 해 봐야 하니 발표하는 모둠의 운동 모습을 '기록' 기능으로 녹화해 두세요.

난이도 ★ ★ ★　　소요 시간 60~80분

12. 으쌰으쌰 온라인 운동회! 3탄

"오늘은 기다리고 기다리던 운동회 날! 어디서? zoom에서!"

세상에, 온라인으로 운동회를 할 수 있단 말이야? 우리가 직접 만든 운동 종목에 다 같이 도전해요. 과연 승리의 모둠은 어느 모둠?! 공동체 역량을 기르며 한바탕 즐겁게 운동하고, 마지막에 마시는 음료수의 맛은? 꿀맛!

주요 기능: 소회의실　　추천 학년: 4~6학년　　추천 과목: 체육

1. 줌 zoom 수업 흐름 엿보기

1단계	2단계	3단계
모둠별로 만든 운동 따라 하기	온라인 운동회 도전하기	음료 마시며 소감 나누기

2. 줌 zoom 수업 맞이하기

학생 준비물: 이온 음료, 응원 도구, 응원가
선생님 준비물: 운동회 2탄에서 모둠별로 만든 대표 운동 기록 영상

3. 줌 zoom 수업 속으로 들어가기

잊지 않았지? 우리가 만든 멋진 운동!

- 준비운동을 하고, 지난 시간에 모둠별로 만든 대표 운동을 복습해요. (직접 보여 주기 또는 녹화 영상)
- 모둠별로 지난 시간에 만들었던 종목 이름과 채점 기준을 발표해요.

▶ 화면 공유
지난 시간에 기록한 영상을 보여 줘요.

▶ 추천 비디오
발표 학생을 추천 비디오로 설정해요.

온라인 운동회~ 우리 팀 이겨라!

〈놀이 방법〉

1. 소회의실을 종목 수만큼 개설하고, 소회의실 이름을 종목 이름으로 변경해요.
2. 학생 전체가 첫 번째 방에 들어가서 종목에 도전해요.
3. 종목을 만든 모둠원은 심판이 되어 종목을 통과한 친구의 이름을 불러 줘요.
4. 모둠원의 이름이 모두 불리면 해당 모둠은 소회의실을 나가고, 메인 세션에서 기다려요.
5. 모든 모둠이 종목을 통과하여 메인 세션에 모이면 다음 종목 방으로 다 같이 이동해요.
6. 같은 방법으로 소회의실별 종목에 도전해요.

▶ 소회의실/메인 세션
모둠원을 비난하지 않고 응원하면서 기다리도록 지도해요. 소회의실을 나가 메인 세션에서 기다리는 학생들은 방에서 있었던 에피소드를 자유롭게 이야기하며 기다려요.

마시며 나눠요~!

- 이온 음료를 함께 마시며 재미있었던 운동, 자신 있는 운동 등 소감을 나누며 마무리해요.

▶ 갤러리 보기
이온 음료를 함께 마시며 진짜 운동회처럼 즐겨 봐요.

- 하루를 운동회 날로 계획하여 운동회 1탄, 2탄, 3탄을 연 차시로 구성할 수 있어요.
- 응원 도구 만들기(미술), 응원가 만들기(음악) 등 여러 주제를 프로젝트로 구성할 수 있어요.
- 경쟁하기보다는 운동회를 즐길 수 있도록 기록(1등, 2등…)은 따로 하지 않아도 돼요.
- 종목별 제한 시간을 걸어둘 수도 있어요.

13. 국민신문고를 울려라, 둥 둥 둥!

"국가에 바랍니다! 제 민원을 들어 주세요!"

조선 시대에 신문고가 있었다면, 21세기 대한민국에는 전자 민원이 있다! 우리 지역 문제에 관심을 가지고, 직접 전자 민원을 신청해 봐요. 인터넷을 통해 현장 감 넘치게 사회 공부도 하고, 온라인 시민 의식과 공동체 역량을 함께 길러요.

주요 기능: 화면 공유, 소회의실   추천 학년: 4~6학년   추천 과목: 사회

1. 줌 zoom 수업 흐름 엿보기

1단계	2단계	3단계
우리 지역 전자 민원 살펴보기	지역 문제 조사하기	지역 문제 전자 민원 써 보기

2. 줌 zoom 수업 맞이하기

사전 활동: 지역 문제와 관련된 학습을 해요.

3. 줌 zoom 수업 속으로 들어가기

우리 지역에 이런 문제가 있다니?!

- 지역 문제의 뜻과 종류에 대해 알아봐요. 예) 교통 혼잡, 소음, 환경 오염, 시설 부족, 안전 문제 등
- 우리 시/군청 홈페이지에 올라온 전자 민원을 살펴보면서 우리 지역 문제에 관해 이야기 나눠요.

  방법1: 안양시청 홈페이지→전자 민원→안양시에 바란다

  방법2: 국민신문고 홈페이지→민원/일반 민원→민원 질의응답 · 답변 원문→'안양시'로 검색

▶ **화이트보드 공유/주석**

판서로 정리하면서 지도할 수 있어요.

▶ **화면 공유**

우리 시/군에 대한 전자 민원 화면을 공유해서 함께 살펴봐요.

지역 문제 이야기를 나눠 나눠!

- 소회의실에 모둠별로 들어가서 우리 지역 문제를 이야기해 보고, 역할을 나눠 인터넷으로 조사해요. 예) 역할: 지역 문제, 문제 발생 원인, 문제 해결 방안 등

▶ **소회의실/화면 공유**

소회의실에서 역할을 나눠 각자 조사하고 자료를 함께 보기도 해요.

지역 문제는 우리가 해결해요!

- 메인 세션으로 나와 모둠별로 지역 문제를 발표하고, 가장 공감되는 발표 모둠을 선정해요.
- 선생님은 전자 민원 홈페이지 화면을 공유하고, 선정된 모둠의 지역 문제를 전자 민원으로 신청해요.

▶ **추천 비디오/비공개 채팅**

선생님을 수신자로 하여 가장 공감되는 발표 모둠을 뽑아요.

▶ **화면 공유**

4. 이렇게 활용할 수 있어요

- 사회 교과 「지역학습」, 「정치」 단원이나 민주 시민 교육에 활용할 수 있어요. 국민 청원과 관련해서 시사 문제 토론에 활용할 수 있어요.

- 3차시 분량으로 수업을 계획하는 게 좋아요.
- 전자 민원을 함께 신청한 뒤, 민원에 대한 답변이 오면 함께 보면서 다시 이야기 나눠요. 민원이 받아들여지지 않았을 경우, 그 이유에 대한 공공기관의 답변을 함께 살펴봐요.
- 전자 민원 신청은 개인 혹은 단체로 할 수 있어요.

14. 우리는 ○○시/군 홍보 대사!

"지금부터 자랑스러운 우리 ○○시를 보여 줄게, 잘 봐!"

내가 바로 우리 지역 전문가! 우리 지역에 대해 나만큼 아는 사람 없지! 지금까지 지역에 대해 배운 내용을 모아, 한 편의 근사한 지역 홍보 영상을 만들어 봐요. 모둠별로 힘을 모아서 지역 홍보 영상을 만들다 보면, 어느새 공동체 역량이 쑥쑥!

주요 기능: 기록, 참가자 숨기기　　추천 학년:5~6학년　　추천 과목: 사회

1. 줌 zoom 수업 흐름 엿보기

1단계	2단계	3단계
우리 시/군 소개할 자료 조사하기	우리 시/군에 대한 홍보 영상 제작하기	모둠별 제작 영상 함께 보기

2. 줌 zoom 수업 맞이하기

사전 활동: 우리 시/군에 대한 내용을 학습해요. 예) 지역 중심지, 문화유산, 공공기관 등

3. 줌 zoom 수업 속으로 들어가기

자료를 모아 모아!

- 우리 시/군에 대해 지금까지 배운 내용을 함께 이야기 해요. 예) 지역 중심지(관광지, 지역 축제), 문화유산, 역사적 인물, 공공기관 등
- 소회의실에 모둠별로 들어가서 우리 시/군 홍보 영상에 어떤 내용을 담을지 정하고, 인터넷으로 자료를 조사해요.

레디, 액션! 촬영 들어갑니다!

- 홍보 영상 대본과 콘티를 짜요. 어떤 방법으로 시/군을 소개할지 컨셉을 잡아요.
  예) 뉴스 형식으로 아나운서와 기자가 나와서 우리 시/군을 소개
- 대본과 콘티에 따라 소회의실에서 촬영을 시작해요.

드디어, 시/군 홍보 영상 발표회!

- 메인 세션에서 모둠별 우리 시/군 홍보 영상을 함께 봐 요. 홍보 영상을 보고 칭찬해 주고 싶은 모둠에 '반응' 기능으로 투표해요. 가장 잘한 모둠을 칭찬해요.

▶ 소회의실/화면 공유

소회의실에서 한 명이 인터넷 화면을 공유하면, 다 같이 자료를 보면서 홍보 영상에 들어갈 내용을 정할 수 있어요.

▶ 화이트보드 공유

모둠 의견을 화이트보드에 주석(텍스트)으로 정리해요.

▶ 가상 배경/프로필 사진 추가

홍보 영상에서 맡은 역할을 가상 배경이나 프로필 사진으로 표현해요.

▶ 기록/참가자 숨기기

(꿀팁 참고)

▶ 화면 공유
▶ 반응

4. 이렇게 활용할 수 있어요

- 우리 학교, 동아리를 주제로 홍보 영상을 만들 수 있어요.

- 선생님이 홍보 영상 예시 양식을 주고 그 안에서 내용을 정하게 하면 좋아요. 예) 아나운서: 중심지에 대한 안내 멘트하기, 기자: 중심지에 가서(가상 배경) 중심지 정보를 소개하기 등
- 모둠원 중 몇 명만 화면에 보이게 하고 싶을 경우, 화면에 나오지 않는 학생들은 '비디오 중지'를 하고, 기록을 담당하는 학생이 '참가자 숨기기'를 하면 화면에 비디오를 켠 학생들만 크게 나와요.

15. 온라인 과자 올림픽

"과자를 먹기만 하겠다고?!
천만의 말씀! 과자로 재미있게 놀~수도 있다구!"

전날 밤부터 두근두근, 설레는 과자 올림픽! 운동 신경이 없어도 누구나 즐겁게 할 수 있어요. 친구들과 함께 다양한 과자 코너 놀이에 참여하면서 공동체 역량을 키우는 온라인 교실 놀이예요.

주요 기능: 추천 비디오, 이름 바꾸기   추천 학년: 3~6학년   추천 과목: 창체(자율), 체육

1. 줌 zoom 수업 흐름 엿보기

1단계	2단계	3단계	4단계
개막식	선수 입장 및 선서식	과자 올림픽 코너 놀이	폐막식

2. 줌 zoom 수업 맞이하기

사전 활동: 4~5명씩 모둠을 나누고, 소회의실에서 여러 종류의 과자 중에서 각자 1~2개씩을 정해요. 이때, 각자 정한 과자가 출전 종목이 된다고 알려 줘요.

예) 빼빼로, 포테토칩, 홈런볼, 오징어땅콩, 바나나킥, 꼬깔콘, 양파링 등

학생 준비물: 사전 활동으로 정한 과자 1~2개

3. 줌 zoom 수업 속으로 들어가기

🍪 과자 올림픽 개막식

• 과자 올림픽 개막을 선언해요.

"지금부터 과자 올림픽을 시작하겠습니다."

🍪 선수 입장 & 선서식

• 사전 활동으로 나눈 종목을 이름 앞에 쓰고, 팀과 출전 선수를 소개해요. 예) 농구팀 김〇〇
• 올림픽 선서식으로 함께 지켜야 할 규칙을 다짐해요.

🍪 올림픽 코너 놀이

• 종목별 놀이 규칙을 지키며 즐겁게 놀이해요.
• 올림픽 코너 놀이 4~8개를 선택하여 진행해요.

1. 감자칩 태권도 격파

왼쪽 손바닥 위에 감자칩을 올려놓고, 오른손 손가락 하나로 감차칩을 격파해요. 격파한 조각이 가장 큰 선수가 승리해요.

2. 오징어땅콩 농구

오징어땅콩 과자를 머리 위로 5개 던져서 두 손으로 받아요. 손으로 받은 과자 개수가 많은 선수가 이겨요.

3. 빼빼로 펜싱

각자 양손에 빼빼로를 하나씩 잡고, 양손에 있는 빼빼로를 서로 부딪쳐서 하나를 부러트려요. 선생님이 왼손과 오른손 중 하나를 불렀을 때("오른손!"), 선생님이 부른 손(오른손)의 빼빼로 길이가 더 길면 승리해요.

4. 홈런볼 배드민턴

배드민턴 셔틀콕을 튕기듯~ 공기놀이로 공기를 뒤집듯~ 손바닥과 손등을 뒤집어 가며 홈런볼을 튕기는 경기! 더 많이 튕기는 선수가 승리해요.

▶ 갤러리 보기

▶ 이름 바꾸기

이름 앞에 종목을 쓰면 쉽게 알아볼 수 있어요.

▶ 추천 비디오

한 명씩 경기에 출전하는 경우 친구의 화면을 크게 보면 보다 실감 나게 관람할 수 있어요.

5. 꼬깔콘 높이뛰기

꼬깔콘을 엄지손가락에 꽂아요. 하나, 둘, 셋… 점차
개수를 늘려 가며 엄지손가락 위에 과자를 겹쳐 가요.
꼬깔콘을 가장 높이 쌓는 선수가 승리해요.

6. 양파링 계주

한 입 작게 깨문 양파링 과자를 고리처럼 이어 나가
요. 제한 시간 2분 동안 더 길게 잇는 선수가 승리
해요.

7. 바나나킥 체조

체조는 균형이 생명! 바나나킥을 손가락 위에 가로로
올려놓고 더 오래 버티면 승리해요.

ⓐ 과자 올림픽 폐막식   ▶ 갤러리 보기

• 기억에 남았던 활동과 느낀 점을 이야기하며 폐막을
  선언해요.

• 올림픽 코너 놀이는 미리 설명해 주지 않고 놀이 시작 전에 안내하여 학생들의
  기대감을 높여요.
• 개인별로 1~2개 종목을 참여하는 게 가장 좋아요.
• 승부에 집착하기보다는 다 같이 즐겁게 참여하는 분위기를 만들어요.
• 학생들이 직접 게임 규칙을 만들어서 진행할 수도 있어요.

소통으로, 참여로
더 즐거운
줌Zoom 수업

수업을 바꾸는 마법,

구글 클래스룸